绿色经济
企业创新变革新路径

何红旗 著

GREEN ECONOMY
NEW PATH OF ENTERPRISE
INNOVATION AND REFORM

中国商业出版社

图书在版编目（CIP）数据

绿色经济：企业创新变革新路径 / 何红旗著 . --
北京：中国商业出版社，2020.5
ISBN 978-7-5208-1161-3

Ⅰ . ①绿… Ⅱ . ①何… Ⅲ . ①绿色经济－经济发展－
研究－中国 Ⅳ . ① F124.5

中国版本图书馆 CIP 数据核字（2020）第 083705 号

责任编辑：朱文昊　黄世嘉

中国商业出版社出版发行
010-63180647　www.c-cbook.com
（100053　北京广安门内报国寺 1 号）
新华书店经销
文畅阁印刷有限公司

*

710 毫米 ×1000 毫米　16 开　15 印张　220 千字
2020 年 6 月第 1 版　2020 年 6 月第 1 次印刷
定价：58.00 元

****
（如有印装质量问题可更换）

前　言

"靠山吃山，靠水吃水"是我们祖祖辈辈赖以生存的方式。千百年来，大自然为我们提供了各种自然资源，我们在享受的过程中却对自然的馈赠浑然不觉。

随着社会与经济的迅猛发展，我们在无节制地索取自然资源时，对生态环境带来较大的破坏与严重的污染。当各种自然资源成为稀缺资源时，我们开始意识到环境保护的重要性，了解到它们经济价值，并试图通过充分发掘它们的经济价值，促进社会经济的进一步发展。

干净的空气与水、优美的环境等是能够提高人们生活质量的环境要素并逐渐决定消费者的消费行为。这一背景为各个企业的发展指明了一条新的发展路径：通过实现自身的绿色化，打造自身的良好生态价值，将环境保护与经济发展融合，最终实现经济效益、环境效益与社会效益的统一。

这种发展路径与发展理念标志着我国进入了绿色经济新常态。在新常态背景下，各个企业都将致力于调整产业与能源结构，改变增长方式，以绿色低碳为核心实现可持续发展。

党的十八届五中全会明确提出，必须牢固树立并切实贯彻创新、协调、绿色、升级、共享五大发展理念。将"绿色发展"列入我国经济发展的理念之中，这显现出"绿色发展"的战略重要性。推动绿色经济的发展，仅靠政府政策支持的力量还远远不够，还需要通过市场的刺激因素，推动绿色发展。

首先，通过绿色市场需求刺激企业的绿色制造与绿色零售，为消费者提供更多的绿色产品与服务；其次，通过企业的绿色制造与营销，引领消费者的绿色消费行为，增强全民环保意识；最后，通过绿色金融的发展为企业开展绿色项目提供支持资金，引导更多绿色项目的出现，帮助企业实现绿色改造与转型，从而提升绿色生产力，为市场供给更多的绿色产品。

通过绿色市场各要素之间相辅相成，共同推动企业落实生态文明建设目标，推动绿色发展，最终推动我国绿色经济的全面发展。

本书从企业的角度，对绿色经济发展做出概述性的描述，并从绿色经济的具体内涵、实践方向、实践路径以及未来趋势四个层面，对企业的绿色发展提供了新思路与新方向。

本书将实际案例与理论相结合，提升了可读性，用九个章节对这四个层面进行了具体的阐述。

在绿色经济的具体内涵层面，笔者从当下经济的新常态、绿色经济思想的演变过程、与循环经济和低碳经济的联系、发展路径与痛点出发，对绿色经济的内涵进行较为通俗化的阐述；在具体实践与实践路径层面，通过列举各个企业在绿色消费、绿色零售、绿色物流、绿色出行、绿色制造、绿色金融六个方面的实践案例，为企业推动绿色经济的发展提供具有借鉴意义与参考价值的经验与建议；在未来趋势层面，本书从绿色经济的四大发展趋势出发，即从新技术、新理念、新业态、新社会性形态趋势出发，为企业打造"打造绿色标签"，提升绿色竞争力，指明了新方向。

因为绿色经济涉及的范围极广，本书无法解答绿色经济发展的所有问题，且绿色市场也在不断发展与变化，现实情况更是错综复杂。笔者希望通过本书帮助读者对绿色经济形成一个整体与全面的认识与理解，而不是在某一点上深挖。目前，绿色经济正处于高速发展的阶段，市场瞬息万变，仅依靠一本书实现目的，显然是不明智的。本书撰写的目的是为了帮助企业获得推动绿色经济发展的新思路与启示，从而推动自身的绿色发展，实现可持续发展。

未来，笔者将继续关注绿色经济的发展，进行更加深入的研究与探讨，从而帮助更多的企业在顺应绿色经济新常态趋势的基础之上，走上绿色化的发展道路。欢迎各位绿色经济发展领域的专家、研究者、对绿色经济感兴趣者，提出宝贵意见，一起探讨在绿色经济时代之中企业的生存与发展之道。

绿色经济发展的细节虽然会发生改变，但是绿色经济发展的内在逻辑却是不变的，希望读者能通过阅读本书总结出一套适合自己企业实现绿色发展的方法。最后，希望这本书能够帮助读者打开一扇窗，找到企业发展的新方向，为我国绿色经济的发展贡献一分力量。

何红旗

2020 年 1 月

目录

第1章 绿色经济：新常态下的时代趋势.................................001

1.1 绿水青山就是"金山银山"..002
1.2 传统产业经济下的环境问题突出....................................005
1.3 绿色经济竞争已经拉开序幕..009
1.4 见微知著："一带一路"与绿色发展..................................011
1.5 新常态下，寻求经济增长新引擎....................................014
1.6 绿色经济时代已经到来，你准备好了吗..............................019

第2章 什么是绿色经济...023

2.1 绿色经济思想演变的三个阶段......................................024
2.2 绿色经济 VS 循环经济 VS 低碳经济.................................027
2.3 绿色经济的三重效益..035
2.4 绿色经济两个层面的发展路径......................................041
2.5 绿色经济发展的四大痛点..047

第 3 章　绿色消费：消费升级下的产品之道　051

3.1　绿色消费：供给侧新机遇　052

3.2　零售行业培育绿色消费的三个着力点　055

3.3　垃圾分类：绿色消费在行动　059

3.4　【落地实践 1】京东引领绿色消费新浪潮　064

3.5　【落地实践 2】沃尔玛的绿色供应链管理　067

3.6　【落地实践 3】"蚂蚁森林"：商业与绿色公益的双赢　072

第 4 章　绿色零售：未来的新零售　079

4.1　绿色零售的关键：全链条发展，推动上下游共同升级　080

4.2　绿色供应链：提升流通效率，节省资源能耗费　084

4.3　绿色店铺：智能化管理门店，设计行动路线和产品布局　087

4.4　绿色营销：激励顾客消费过程绿色化　089

4.5　【落地实践 1】星巴克开设绿色店铺，引领绿色零售　091

4.6　【落地实践 2】欧莱雅中国携手阿里巴巴推出"绿色新零售"　095

4.7　【落地实践 3】苏宁设计绿色快递盒，引领绿色零售　098

第 5 章　绿色物流：在有人与无人之间协同运作　101

5.1　绿色物流 VS 传统物流：传统物流一年消耗 147 亿个塑料袋　102

5.2　绿色仓储：人工智能优化仓储选址布局　106

5.3　绿色包装：改造包装材料，智能化包装　108

5.4　绿色运输：优化运输路线，降低空载率　110

5.5　绿色逆向物流：推行回收计划，回收快递箱　114

5.6　【落地实践 1】菜鸟网络的"智能打包算法"，定制包装　116

5.7　【落地实践 2】京东、苏宁、小米、顺丰绿色包装解决方案大比拼　119

5.8 【落地实践3】京东物流的"仓储机器人",实现前后端
无人自动装卸车 123

第6章 绿色出行:"互联网+便捷出行",共享经济下的新模式....127

6.1 让绿色出行成为一种生活新常态 128
6.2 实现路径一:技术创新 130
6.3 实现路径二:工具改造 132
6.4 实现路径三:模式升级 135
6.5 【落地实践1】比亚迪的"互联网+绿色出行" 137
6.6 【落地实践2】5年千万辆 GoFun 分时租赁破局观 140

第7章 绿色制造:不再"靠山吃山,靠海吃海" 145

7.1 从制造绿色到绿色制造 146
7.2 绿色产业法:绿色生产的中坚力量 147
7.3 绿色制造的实现途径 149
7.4 私人定制:绿色制造最完美的"打法" 151
7.5 【落地实践】"绿色制造+智造":日立在华发展的新动力 153

第8章 绿色金融:资本的下一个出口 157

8.1 绿色金融:企业最快的融资方式 158
8.2 绿色信贷:摆脱"呆账""死账",提升商业银行的经营绩效 159
8.3 绿色保险:促使企业加强环境风险管理 163
8.4 绿色债券:企业绿色项目融资的债券工具 166
8.5 与气候相关的金融衍生品 170

8.6 金融行业实施绿色金融四大措施......173
8.7 绿色金融新突破的"爆发点"可能在哪里......176
8.8 【落地实践1】垃圾分类......180
8.9 【落地实践2】碳基金......182

第9章 践行绿色经济，做一家值钱的"绿色企业"......185

9.1 新时代的企业家精神与绿色发展......186
9.2 构建"绿色企业"的9大产业形态......188
9.3 企业发展绿色经济的"5+3"空间布局......190
9.4 企业扩展绿色经济的9大场景......193

第10章 绿色经济未来的四大发展趋势......199

10.1 新技术：新能源、新材料，绿色新兴产业抢占先机......200
10.2 新理念：绿色消费需求将持续增长......202
10.3 新业态：数字经济渗透全产业链......204
10.4 新社会形态：集绿色交通、绿色建筑等于一体的绿色新型城镇化......206

第11章 环保科技中材，建筑美好未来......209

11.1 绿色变革，把握千亿市场的绿色商机......210
11.2 技术颠覆，深刻改变传统资源获取方式......213
11.3 极致产品，用高科技缔造绿色未来......216
11.4 模式创新，缔造产融结合发展新典范......222
11.5 战略先行，建设具有全球竞争力的世界一流环保科技创新型企业......224

第1章
绿色经济：新常态下的时代趋势

随着"绿水青山就是金山银山"理念的逐步深入人心，绿色经济的发展被正式提上日程，绿色经济成为时代的新常态。这要求企业的传统经济模式向绿色化转变，防止出现突出的环境问题，使企业从容面对绿色经济时代的到来。

1.1 绿水青山就是"金山银山"

"客路青山外,行舟绿水前""郁郁层峦隔岸青,青山绿水去无声""青山绿水,白草红叶黄花"……

青山绿水一直都是古诗词中的常客,它们总是成双成对地出现,展现出绝美的人间意境。诗词赋予了青山绿水一股超凡脱俗的仙气儿,但它们依旧保持了人间的烟火气息。

曾经,靠山吃山靠水吃水,一直是中国百姓祖祖辈辈信守的生存方式。到如今,经济高速发展,青山绿水更是成了一座座"宝藏富矿"。

例如,煤炭被人们称为"黑金",可以迅速地促进经济的发展,开采矿山便是人们靠山吃山的典型案例。

神府东胜煤田,作为我国已探明的最大煤田,带领着陕西神木市的经济发展到有史以来的高峰。在过去的30多年里,大规模、机械化的开采煤田,使神木市成为中国第一产煤大县,使西部最大的火电基地得以诞生。神木从偏安一隅的小县发展成为煤炭经济的引领者,成就了许多的煤矿从业者。

但是金钱往往是赚不完的,长期对"青山绿水"的汲取,过度开采煤矿,造成了反噬,带来严重的环境问题,地面塌陷、河水断流等。

新华社曾对这一事件进行了报道:过度开采煤矿造成了56.16平方公里的地面塌陷,2.3万多亩的耕地被毁,与煤田临近的6700多名农村人口变为"生态灾民"。

这便是在追求经济快速发展的过程之中,忽视了对青山绿水的保护,而造成的环境问题。例如大范围地砍树,造成许多生物无家可归,引起泥石流、山体滑坡等灾害，不仅对人们的生命安全造成威胁，还不利于人们未来的发展。

2013年9月7日，习近平主席在哈萨克斯坦的纳扎尔巴耶夫大学发表演讲并回答学生们提出的问题时明确："我们既要绿水青山，也要金山银山。宁要绿水青山，不要金山银山，而且绿水青山就是金山银山。"

这两句话是我们发展经济必须遵循的理念。"我们既要绿水青山，也要金山银山"阐述的是发展的前提，即我们既要发展，也要守住发展的本源。"宁要绿水青山，不要金山银山"，就是当利益与长久发展冲突时，用长远的眼光去保护长远发展的机会，这是对自己、对后代负责的表现。"绿水青山就是金山银山"，是对前两句话的实践总结。

回溯历史长河，辛弃疾留下千古名言："稻花香里说丰年，听取蛙声一片。"这就是对青山绿水与金山银山的关系的最好写照。稻香、蛙声代表着青山绿水，而由这些元素构成的美好丰收情景，代表着经济的蓬勃发展，这两种意象相得益彰，共同阐述出绿水青山与金山银山的真谛：即生态环境是生命生存与发展的基础，"绿水青山"理论体现了人与自然的和谐共生，也是经济发展与环境保护的辩证统一。

从青山绿水的表层意义来看，青山绿水构建的生态环境是生命共同体，是一个整体的、环环相扣的系统，往往牵一发而动全身。

从深层意义来看，青山绿水是发展之源，从一个整体是生态系统演变成为未来发展的基础，构成未来发展的"经脉"与"关节"，是未来发展财富之中的一部分。

在2017年召开的中央全面深化改革领导小组第三十七次会议上，习近平总书记进一步强调了青山绿水的重要性，提出了"山水林田湖草是一个生命共同体"。而建设生态文明，就是保护"绿水青山"，保护发展之源，通过打通"经脉"、活动"关节"，促使生态系统的良好运行，才能从中发掘更多的价值与发展机会。

例如，湘江已经成为湘南的重点经济旅游带，通过自然风景发展旅游业，带动经济的发展。唐代诗人刘长卿曾赋诗湘江名句"湘水清见底，楚云淡无心"，将江水、蓝天白云融为一体，引得无数人前来赏景。同一时代的韩愈就是被这湘江地区的青山绿水吸引而来，发出"瞰临眇空阔，绿净不可唾"的感叹，惹人无限向往；宋代陆游也是如此被吸引而来，一句"挥毫当得江山助，不到潇湘岂有诗"让湘江成为无数读书人的向往之地。无数的文人墨客为湘江倾倒，共同铸建了湘江如今的魅力。

湘江魅力的根本不是文人骚客的诗词赋予的底蕴，而是和谐完美的生态环境打造出的灵气。这种灵气赋予了诗句灵性，并经过代代相传变得更加浓厚。大力发展绿色旅游服务是许多旅游公司关注的重点，在"青山绿水"理念的基础之上，将蕴含传统文化的风景与和谐完美的生态环境融合，从而促进经济发展。

如今，"青山绿水"已经不再是表面意义上的山和水，而是绿色发展的象征意象，代表着可持续发展的理念，是我们各个企业发展与生存之道。

不仅是旅游领域，商品流通领域、传统生产领域、物流领域等各个领域都开始将"青山绿水"的理念贯彻到日常的生产过程与管理环节之中，从而促进企业实现可持续性发展。例如，五菱开始进行包裹包装回收，增加资源的利用率，从而减少包装垃圾对环境的污染，保留自身继续发展的潜力与机会。

"竭泽而渔"对于企业来说并不是好事，当大自然之中可利用的资源消耗殆尽之后，又该何去何从呢？

解决这一问题的根本就是企业秉持"青山绿水"理念，因为"青山绿水就是金山银山"，是企业未来继续发展的方向与动力。

长期以来，一些传统产业的经济模式带来了不少环境问题，对可持续性发展都带来了不同程度的负面影响。那么在传统经济模式带来的突出环境问题有哪些呢？又有哪些是可以避免的呢？

1.2 传统产业经济下的环境问题突出

谈到"雾都"你能想到什么？是薄如轻纱的水雾缭绕，营造出"我欲乘风归去"的仙风道骨；还是"犹抱琵琶半遮面"欲语还休的风情……"雾"总能让人联想到神秘仙境等令人向往的、美好的场景。

但"雾都"这一名字与美丽并不沾边。雾都最开始是专指英国伦敦。该"称号"可追根溯源至工业革命时代。蒸汽机的出现，让生产企业的效率得到大幅提升，但燃烧煤炭等燃料会释放出大量有害气体与颗粒。由于伦敦的特殊气候使这些气体与颗粒无法被稀释或吹走，最终形成"伦敦雾"。

在1952年，因"伦敦雾"丧命的民众达4000人。伦敦"雾都"的称号也因此闻名。这归根到底就是传统的工业企业只注重自身利益的实现，而忽视了对环境的保护，排放大量有害气体与颗粒，最终因达到大自然可以承受的极限而被反噬。

"雾霾"是传统产业经济模式下突出的环境问题。不仅英国有雾都，中国也有雾城。环境污染是传统产业经济的主要环境问题之一，此外还包括环境污染造成的健康问题以及经济损失这两个层面。

一、环境污染问题

雾霾是大气污染之中最令人头痛的问题。一到雾霾天，烟尘蒙人眼，人们需要全副武装才能出门，对人们的正常出行造成了极大的困扰，在一定程度上也影响了企业的正常运行。特别是在一些一线城市，人口密度大，对环境造成的影响更大（见图1-1）。

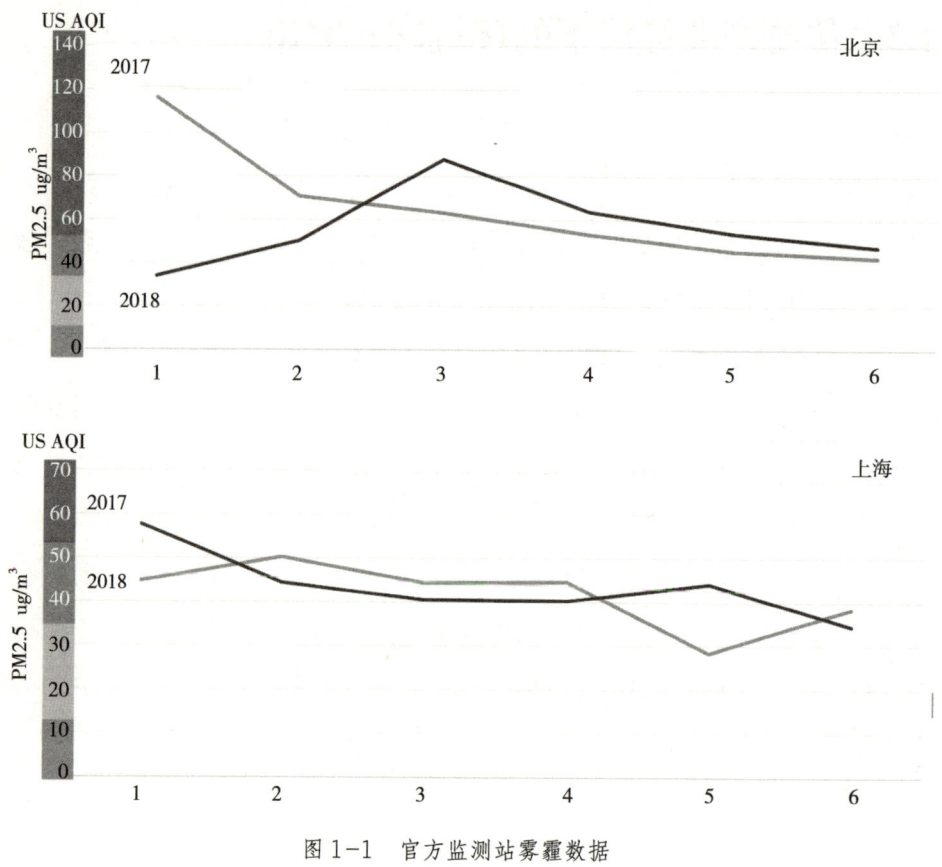

图 1-1 官方监测站雾霾数据

传统工业污染以及人们生活生产的废气排放,会加重雾霾现象。雾霾不仅会造成交通安全等方面的隐患,还会引起人体的呼吸系统、心脏系统疾病等,百害而无一利。虽然汽车尾气排放也是雾霾形成的原因之一,但传统工业排放的废气在其中的贡献比例较大。

除去雾霾等大气污染,传统产业经济模式之下的突出环境问题还包括水污染、土地荒漠化、生物多样性减少等。其中,危害最大的则是大气污染与水污染。

水是人们生产、生活的根基,但一些企业在生产时,对污水的处理不到位,直接排放至河流之中,再加上人们的生活废水也经由下水道排入河流,对河流生态造成了较大破坏。当污水排放的速度超过了河流的自净能力时，就会造成严重的水污染（见图1-2）。

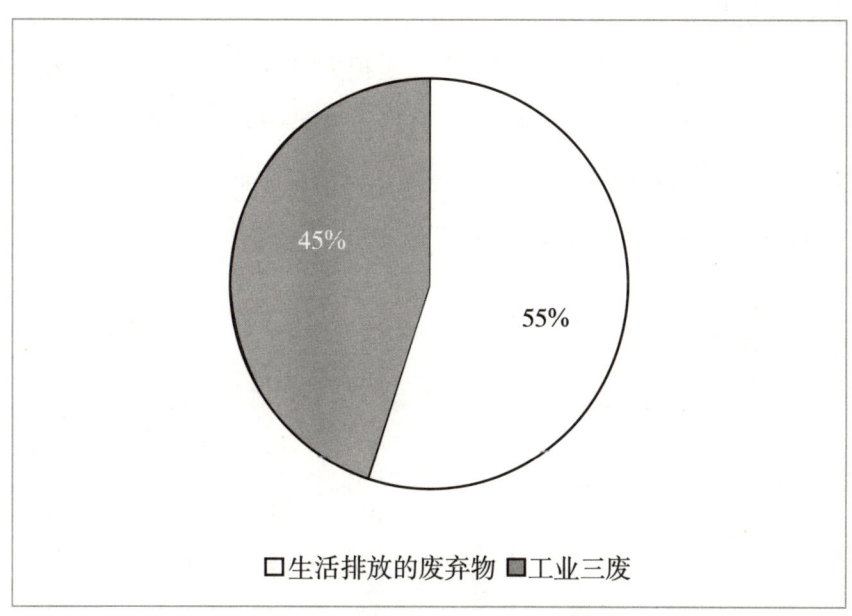

图1-2　环境污染来源比例

保护环境不仅是每个人的社会责任，也是每一个企业应该承担的社会义务。并且环境问题会形成连锁反应，会从环境污染这一源头向外辐射，造成人们的健康问题。

二、健康问题

环境污染是对人民大众的身体健康与生命安全的重大威胁，尤其是大气污染与水污染问题对人类身体伤害最大，因为人的生存离不开空气与水源。

有许多企业都未将自身的生产与环境保护与人类健康联系起来，为了自身的蝇头小利，而舍弃自身的社会责任。例如，北京市一家家具有限责任公司直接将喷漆过程之中的挥发性气体排放至大气之中，未经过任何处理。但该公司的生产车间明显配备有相关的防治污染设备，却为了小利、减少成本，违规排放。

"雪崩时,没有一片雪花是无辜的",当环境污染对人类的健康造成威胁之时,每一个企业与个人都有相应的责任,切忌因小失大。

三、经济损失

环境问题造成的经济损失包括实际收益损失与污染治理支出。据环保部门提供的相关数据显示,环境污染与生态破坏问题每年给我国造成的经济损失,可达到当年GDP的6%。我国每年在环境污染治理方面也在不断地增加投资,早在2014年,环境污染治理投资已经突破9500亿元(见图1-3)。

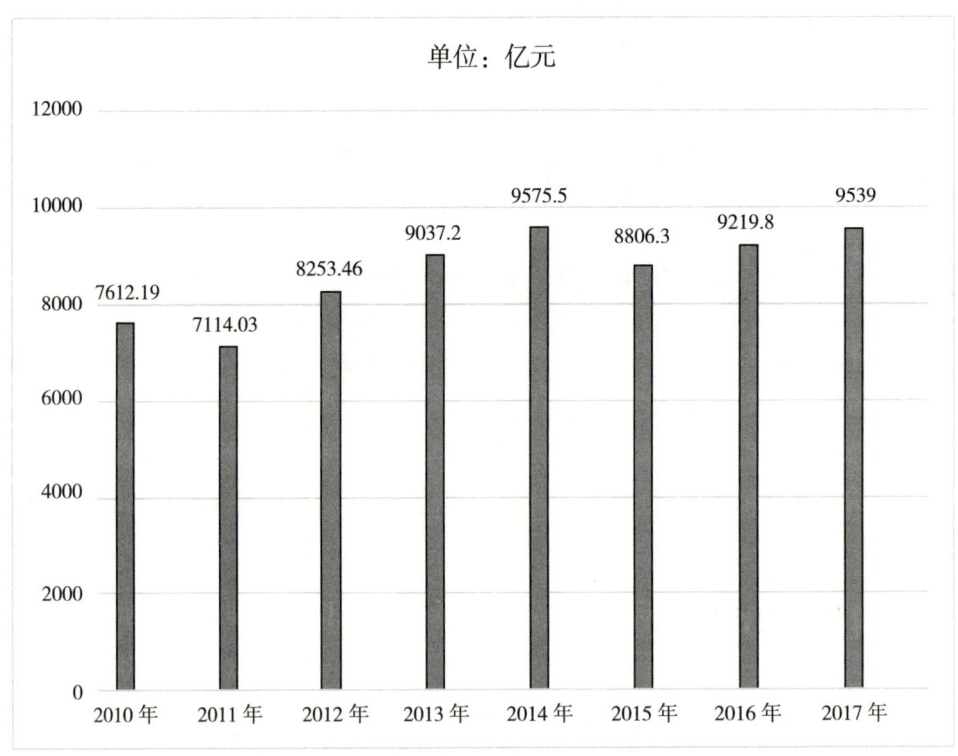

图1-3 我国污染治理投资数据

环境污染问题造成的经济损失不仅增加国家的负担,还会使人民的利益遭受较大的损失。据人民网2015年6月17日报道,安徽池州化工园违规排污,其污水之中含有大量的有毒物质,这使农业灌溉水源受到污染,导致千亩农田变为荒地。农民有地不能种，给农民带来较大的经济损失。

"保护环境，人人有责"，这绝不是一句空话，而是每个人应该贯彻落实到实践之中的准则。作为企业应该积极地承担起自身的社会责任，通过降低资源能耗、提升资源利用率，降低对环境造成的污染，实行绿色发展，走上可持续性发展之路。在不久的将来，绿色发展将成为竞争的核心。

1.3 绿色经济竞争已经拉开序幕

绿色经济的竞争早已拉开了帷幕，你注意到了吗？

在 30 多年大浪淘沙的竞争赛跑中，文安板材取得了优异的成绩，"日建一厂，日利一万"是其曾经的辉煌写照。河北省文安县作为"中国板材之乡"，在顶峰期生产企业已达 2000 家。在 2018 年，全县人造板总产量达到 1700 万平方米，获得 15.1 亿元利润。

文安能够实现利润的最大化，与其各个板材企业密不可分。这些企业坚定不移地进行产业升级，将工厂打造成花园式厂区。通过科技创新，贯彻绿色可持续发展的理念，以京津冀的大气污染防治要求为准则，实现低排放、高效益、规范化发展。

不仅是文安板材，各行各业也开始走向绿色发展的道路。例如，以万科集团、恒大集团、碧桂园、龙湖地产等为龙头的房地产企业也加入绿色发展的阵营之中。

龙湖地产通过建设具有显著节能环保效果的长青龙湖礼嘉新项目和上海虹桥商务区核心区一期 05 号地块项目，将建筑融入绿色理念，实现绿色发展。因为这两个项目，龙湖地产成为中国首家成功发行绿色债券的房地产企业。其他房地产企业也不甘示弱，纷纷开始探索节能节材与能源的利用之道，并致力于提升室内环境质量，加速对传统制造的绿色改造。

为何各行各业都开始转向绿色发展的道路？

企业的经济增长与自然资源的消耗密不可分。但随着经济的长期发展，自然资源的消耗日益增长，自然资源已经无法满足企业生产与发展的需求，出现了自然资源供不应求的情况。据相关消息显示，早在2016年我国对原油资源进口依存度就已经达到65%。因此，企业要想在发展之路上不受能源问题的挟制，就必须开发新能源，提升能源的利用率。而清洁能源的应用不仅能够降低对环境的污染，还可以提升能源的利用率，从而通过降低能源成本，提升经济效益，促进企业的发展。

除去资源、能源因素外，人口因素与城镇化水平也推动着企业走向绿色发展之路。从2010年开始，我国的城市人口比例就已经超过农村；到2016年，我国的城镇化水平已经达到57%，且城镇化水平每提高1%，就会提升与8000万吨标准煤等同价值的能源消耗。而城镇化水平与人口数量的快速增长，会提升能源进口的依存度。这对于企业而言，人口增长与城镇化水平的提高，会分走企业发展所需的能源消耗，加重企业能源问题。因此，企业必须发展绿色经济，走向绿色发展的道路。只有这样才能在普遍能源消耗高、产能低的情况下，通过新能源提高效率，实现低能耗、高产量。从而提升自身的核心竞争力，在未来红海化的竞争之中，占据一席之地。由此可见，绿色经济是企业实现可持续性发展的必然选择。

发展绿色经济不仅是企业在国内的本土竞争之中取得优势的关键，也是企业走向国际舞台的重要途径。例如，意大利自然资源较为匮乏，限制了国内企业的发展，于是积极倡导能源创新与绿色发展。其中，Amethyst公司开发了以生物技术净化废水为核心的新技术，提升水资源的可循环利用率，并与其他几家葡萄酒酿造公司达成合作，携手推出了循环生态酒窖。这项行业领先的新技术创新，在节省资源的同时，还创造了更多的附加产品价值与经济效益。正因为意大利企业注重资源与能源的循环利用,其工业总体生产可降低约为1700万吨原油的能源消耗,极大地提升了生产效率、降低了成本,这使意大利的企业能够得到更多的发展空间,走向国际舞台。

绿色发展对中国企业同样重要,保持并提升"绿色竞争力",将是企业发展战略的重中之重。如今,绿色经济竞争已经拉开帷幕,各个企业应该采取积极行动,进行科技与技术创新,实现能源结构升级与产业转型,实现可持续发展。

在未来,发展绿色经济将是企业在竞争之中取胜的关键,绿色物流、绿色消费、绿色制造、绿色零售等绿色发展策略将是形成企业核心竞争力的关键因素。绿色经济的竞争已经拉开帷幕,且在日后将会竞争得更加激烈,各企业应该早做准备,占得先机。

1.4 见微知著:"一带一路"与绿色发展

你眼中的朋友圈是怎样的?是不是一个充满各方利益但又较为安全、舒适的圈子?朋友圈可谓是包容万象,不论是"晒"优越感、幸福感,还是微商销售,抑或是记录生活等,都在朋友圈之中显现得淋漓尽致。

"一带一路"倡议,在兼顾各国利益的同时,为各国的经济发展提供一个安全、舒适的环境,从而实现共赢。这不仅符合当今世界永恒的和平主题,也与当今时代共同发展的愿景重合。"一带一路"倡议为企业的发展带来空前绝后的发展机遇。

2019年26日,在北京国家会议中心举行了第二届"一带一路"国际高峰论坛开幕式,这让"一带一路"再次成为人们热议的话题。

在会议开幕式上,习近平主席提出,要将绿色作为底色,推动绿色经济建设,推动绿色投资、绿色金融的发展。绿色经济成了国家关注的重点,并在众多企业中掀起了依托"一带一路"倡议实现绿色发展的热潮。

海尔通过"一带一路"倡议的政策的扶持,在国际舞台上发光发热,在巴基斯坦、印度、欧洲五国等地率先取得了初步成功,成为中国绿色智造、绿色发展的代表之一。

海尔在国际市场上售卖产品时,不仅是单纯地售卖产品,而是主动积极地参与到产品售卖地的基础设施建设中来,并将基础设施的红利转化成为具体的家电产品与服务。

海尔在调查了当地电器消费与使用情况之后,与当地政府在采购层面进行合作。政府对居民电费的减免转换为电器,让当地居民能够免费获得海尔电器。这不仅能够提升当地居民的生活水平,还能让海尔在多个国家落地生根,提升海尔的国际知名度,促进可持续性发展。

借助"一带一路"倡议的公路、高铁等交通建设,海尔将产品推广到沿线国家与地区的同时,还帮助这些地区的产品走出去。这不仅能够推动当地经济的增长,也能壮大海尔自身的影响力,真正做到多方共赢。

"一带一路"倡议的交通设施的建设成为了海尔在全球范围内物流体系中的一部分,让海尔"绿色设计、绿色制造、绿色经营、绿色回收"的"4G"战略得以实现。

除此之外,海尔还注重公益,真正做到"公益无国界",承担起社会责任。目前,海尔用于公益事业的款项已达到5亿元。

海尔依托"一带一路"倡议降低了物流成本,节省了再建物流体系的资源,并提升了交通资源的利用率,在沿线国家和地区夯实自身的基础,为自身的绿色可持续发展创造了可能。

"一带一路"倡议与绿色发展紧密联结,是企业实现绿色可持续发展的重大机遇。其他企业也应该依托于"一带一路"倡议的相关政策与基础设施建设,实现绿色发展的目标。

那么企业在"一带一路"倡议的发展过程之中，可以借势而起的政策与基础设施建设有哪些呢？

"一带一路"倡议在各国的共同努力与合作之下，将会成功构建高效快速的互联互通网络。这一网络以陆、海、新通道等信息高速通道为基础构架，以铁路、港口等为基础，从新亚欧大陆桥等经济走廊向外辐射。企业可以依托互联互通网络，发展自身的全球物流体系，打造绿色物流，促进长远的绿色可持续性发展。

各方推出《"一带一路"绿色投资原则》，并在此基础上提出"关爱儿童，共享发展"的主题，致力于可持续性发展目标的实现。企业参与其中，不仅可以承担其自身的社会责任，还能通过共享，获得相关的组织与机构的支持，为未来的发展创造机会，为竞争创造更多的机会。其科技创新的新行动计划，为企业发展绿色经济提供了技术支持，增强了企业的竞争力。

"一带一路"倡议开设专项贷款，创建丝路基金、绿色投资基金，发行丝路主题债券，实现多边立体开发融资。与其他地区与国家在农业、卫生、减灾、水资源等领域的合作能够不断深化绿色发展理念的传播。企业可以借此机会参与到资源的保护与利用率的提高过程之中，实现向绿色企业的转型与升级。

"一带一路"倡议提出的绿色经济、绿色发展已经脱离了环保的狭隘范围，而是消除一切不利于未来发展的、非"绿色"的因素，建设并强化一切可以促进未来发展的绿色因素，最终实现绿色可持续发展的目标。这其中包括低耗能、高效率的互联互通的网络建设，如生态环保大数据的技术创新等以绿色为底色的策略。

商业契机是"一带一路"倡议为企业发展带来的重大机遇。金融行业机构数量将会大量增加，货币流通更加稳定快捷；物流行业中跨境物流掀起热潮，与"走出去"的企业紧密合作，实现长久发展；交通行业更为高效，且绿色创新技术降低能源消耗，促进企业实现低耗能绿色物流；新能源行业研发的新能源帮助企业改善能源结构，实现企业转型与升级。

1.5 新常态下，寻求经济增长新引擎

目前，我国经济已从高速增长阶段转向高质量发展阶段。环境保护已经成为必然趋势，绿色经济将会成为时代发展不可避免的趋势。企业在经济新常态之下，应该如何利用新引擎，驱动可持续性发展呢？

一、新常态的特征与内涵

这一命题十分重要，不仅关系着经济新常态之中与环境保护相辅相成的绿色经济的可行性，还关系着企业最终的发展方向与发展的长远性。"知己知彼，百战不殆"，了解经济新常态的显著特征是企业可持续性发展的前提。总体而言，经济新常态的显著特征主要由三方面的转变构成。

一是增长速度。在高速增长期，经济增长速度快，增速可达到10%以上；在经济新常态之下，经济增速降低，其增幅可稳定地控制在6%左右，处于中高速增长水平。这与高速增长期相比，企业发展的风险更低，但获取的利润处于可观水平。

二是产业结构的变化。在经济高速增长期，产业结构以重工业、低端产业为核心产业；在新常态下，产业结构则转向以生产性服务业、高端制造业为核心，这使第三产业的占比逐渐超过第二产业，且与第二产业的占比差成持续扩大的趋势（见图1-4）。

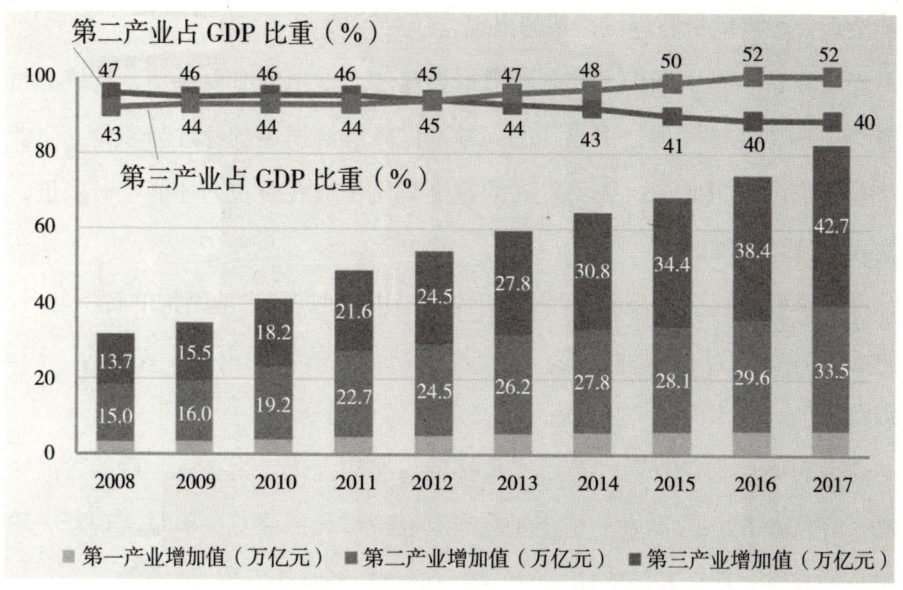

图 1-4 2008—2017 年我国产业结构组成

三是发展方式。在经济高速增长下高投入、高增长是企业发展的显著特征，通过扩展规模、加快增长速度，获得经济效益；在新常态之下，技术与创新是企业发展的主导力量，企业通过提高生产效率与质量，获得经济效益。

从上述内容可知，经济从高速增长到高质量发展是一个质的飞跃。在新常态中，企业的发展应该控制发展速度，切忌急功近利；应通过技术与创新向质量效率性转型，进入第三产业领域，未雨绸缪，实现经济的平稳增长。

了解从高速增长向新常态的三重转折是理解经济新常态内涵的基础。经济新常态的内涵主要是通过在一定程度上减缓经济发展增速，来实现经济发展与增长的深度，即发展由横向转为纵向。

从经济高速增长向新常态转折的理论基础之一是马克思《资本论》中"经济增长具备循环的周期性特征，经济增长具有规律可循"。根据西方经济学的长波理论，经济增长或多或少会需要承担经济调整的压力。如果经济增长的速度过快或者过慢，并超过了经济发展规律之中企业可以承担的调整压力范围，很可能会促使经济危机与经济萧条的出现。

经济新常态是中国为了控制经济增长速度而做出的必要调整，其核心目的就是为了解决经济发展之中出现的问题，保障经济发展的速度与质量。企业在经济新常态的背景之下，要将发展的速度与质量放在首位，才能与时俱进，最终实现可持续性发展。

而绿色经济起到控制经济增长速度的作用，促进了产业结构的转型与升级，促进企业经济的可持续性发展。这与经济新常态的发展内涵不谋而合。因此，可以将绿色经济作为经济新常态下企业发展的新引擎。

企业有必要借助绿色经济，实现转型、结构优化，为企业今后的发展夯实基础。经济新常态的本质不是企业在当下经济增长的终点，而是实现新一轮经济增长的起点，在全新的旅途之中，将由绿色经济驱动发展。

二、绿色经济：经济增长新引擎

绿色经济作为经济新常态下经济增长的新引擎，对纠正当前一些资源配置扭曲的作用显著。通过重新配置各种生产资源，解放生产力，获得新的经济增长动力。

重新配置的各种资源不仅包括资本，还包括自然资源与环境因素。从表面来看，绿色经济对新常态的影响在于提高资源与环境保护的投入成本，并让其回升到合理的水平。这种表面结果，让许多人无法理解绿色经济对经济增长带来的具体的、有效的作用。

一方面，绿色经济将资源的价值水平提升到合理的定价水平之后，使拥有资源与相关环境要素的企业会更加珍惜资源，从而想方设法提升资源的利用率，并加强对这些资源的保护程度；另一方面，合理的资源定价水平会提升获得资源的门槛与难度，会提高那些生产低附加值产品的企业获得资源的难度，从而促动企业生产向高附加值生产转型。

因此，绿色经济促进了促进社会、环境资源的流动，让更多的资本与人才转向技术创新企业，从而推动创新与发展。

"不积跬步，无以至千里"，在经济新常态之初，绿色经济带来的资源流动与促进作用还不明显，但积少成多，最终会帮助企业实现质的发展，新的经济增长热点也将会层出不穷。

三、绿色经济：新常态的必经之路

在经济发展的周期之中，新常态只是其中的一个环节，就如同组成机器人的一个小零件，但依旧发挥着重要的作用。在经济新常态下，纠正资源的扭曲配置，控制经济增长速度，就离不开绿色经济的发展与实践。

一般而言，绿色经济有两种经济形式，即经济的绿色化与绿色产业。经济绿色化主要是资源利用率的提高，通过低消耗、高产能实现经济发展。绿色产业则是发展节能环保的产业，减少对环境的污染。

新常态下的经济与原有的经济相比，资源与环境的利用效率得到提升，这就是绿色经济中的"经济的绿色化"。虽然如今的绿色化经济基本上都是在短期内实现较高效的经济增长，但相较于未来，还远远不够。在未来，真正高效有力的绿色经济才是发展的重中之重，是企业实现可持续发展的真正的引擎动力。

企业在发展经济的同时，注重低消耗、低污染与高效率，这就是在发展"绿色产业"。如今，如果企业在专注于某一经济增长热点时，不按照相关的规章制度制订发展计划，不规范绿色化生产流程，不仅会受到相关部门的审查，还会使这个经济热点如同流星一般短暂，得不到市场的认可。

绿色化的经济与绿色产业共同促进新常态下的经济发展。那么，绿色经济与经济新常态能够融合的必要性是什么呢？

绿色经济不仅是各种资源要素重新配置并且优化的非固定的结果，还是纠正资源配置扭曲的重要途径与手段。这是让绿色经济成为新常态的必经之路的必要性所在。

绿色经济的内涵与新常态的发展的核心，即资源要素的优化配置的过程重合；且绿色经济通过自身发展而产生的动能，可以通过对环境的保护以及提升资源的利用率，来弥补经济增长层面的不足与缺漏之处。

换言之，在经济新常态下，绿色化经济为社会经济的发展带来了福利；绿色产业是传统产业向新兴的经济产业转型的过渡，能够有效地填补过渡阶段的产业空白市场，从而促进产业结构的转型与升级。

在经济新常态之下发展绿色经济，企业除了需要了解二者之间的具体联系，还需要在进行绿色经济的探索与实践之中，避免走入两个认知误区。

一是绿色经济＝经济新常态。从绿色经济与新常态的产业属性角度出发，可以了解到绿色经济是发展新常态的途径与方法，而不是经济发展的领头羊。绿色经济与从前的自然经济（农业经济）、工业经济相比，其产业链内涵虽然明确但未呈现出多样化的特征，其内涵外延也不算宽广，无法带来足够多的经济体量，因此无法成为经济新常态。

二是表面的绿色经济至上论。在当下经济背景之中，各行各业都开始将绿色经济挂在口头上，但有些企业并未真正践行绿色经济，这种言论的本质就是打着"绿色"的口号实行增长至上论，是"高消耗、高污染、低产能"的换汤不换药之举。

进入以上两种误区的企业，将会进入到新的资源配置的扭曲之中，使资源各要素混搭，导致非绿色的结果，从一个极端走向另一个极端，即从"低估资源、环境要素的影响"转向到"过分夸大资源、环境要素的效用"，这两种极端都会为经济的发展带来较大的危害。

综上所述，企业在经济新常态下发展绿色经济，就需要控制经济增长速度，合理配置资源、环境要素，并形成明确的认知：绿色经济与经济新常态的互动，才是促进企业转型升级的必然途径。

而新常态与绿色经济的融合，将会开启绿色经济时代的大门，为企业的发展带来全新的机遇与挑战。

1.6 绿色经济时代已经到来，你准备好了吗

拉尔夫·瓦尔多·爱默生曾说："大海的表面很难保持平静，社会价值的均衡更是如此。它由供求决定：人为的或法律的东西，往往因为生产过剩和企业破坏而反过来惩罚自己。"

产业过剩与企业破坏会使社会价值如同海面一样，随时随刻都可能波涛翻涌。企业要保持自身的社会价值，就需要构建生态和谐的发展空间，提高绿色竞争力，避免产能过剩，这也是企业实现经济效益的重要途径与方法。

2019年，以"破而立·喻新生"为主题的2019奇点（中国）绿色商业生态价值论坛在北京举行，凤凰网奇点商业是主办方，协办方有BRE英国建筑研究院、中国房地产协会商业文化旅游地产委员会、北京孕婴童用品行业协会等。

各个协会代表人与相关参与者，以商业地产企业的绿色发展与绿色运营的现状作为探讨主题，深入探讨"商业+绿色"的新型发展模式，并发布了《中国商业地产绿色竞争力白皮书》等报告，从而为商业地产的发展提出了实现社会价值与经济价值的新方向。

该论坛以促进商业地产在绿色经济时代的转型与升级为核心目标，通过众多商业地产企业的管理者、研究绿色经济的专家学者、相关机构代表等的讨论与分享，寻求发展绿色经济的有效路径与方法，实现绿色可持续发展，引领地产企业走向更美好的未来。

由此可见，绿色经济时代已经降临，各行各业都已经开始为绿色经济的发展探寻新出路、新方法。只有预先做好准备，才能在今后的绿色经济的竞争之中取得先机。你做好准备了吗？要想取得先机，又应该做出何种准备呢？

一、认知转变：释放行业新机

在2019奇点（中国）绿色商业生态价值论坛之中，参会人员都提出了自己对绿色经济的认知与看法。

优博集团董事长单大伟认为，商业地产发展绿色经济需要转向精细化运营。在转化的过程之中，要不断地思考、维持质量平衡与生长速度，进行存量改造，促进消费升级，由此形成的健康、高效的绿色商业将是绿色经济时代的主旋律。

御风集团董事长冯仑认为，在未来的绿色经济时代，"以售养租"的企业与细分领域运营情况较好的企业将会有更好的发展空间，因为这两类企业的投资回报率高。他认为绿色经济时代对商业地产领域而言就是高品质时代，实现创新、转型以及升级是发展绿色经济的重点。

爱琴海集团执行总裁王强则认为，绿色经济与数字技术更好地融合，是企业发展绿色经济的有效途径。"无数据，不智能；无智能，不商业"将会成为绿色经济的主要特征，且"数智化"将会取代"数字化"。

福晟商业集团总裁吴洋以自身的经验现身说法，分享商业地产企业发展绿色经济的经验，即创建智慧体，打造住宅体系——写字楼体系——商场闭环，形成更为高效的联动。

依文集团董事长夏华则认为，发展绿色经济，应该在开拓业务之时积极地承担起社会责任，让"新零售"变为"心零售"，借此来促进消费者的体验升级，塑造多场景运用的品牌。

参会企业的管理者与领导者分享了自己对绿色经济的认知，以及自身企业绿色发展的相关准备措施与方法，从多角度向我们展示了绿色经济的内涵与发展方向。他们的措施部分已经取得了可观的成效。

由此可见，转变认知，对绿色经济形成一个较为全面正确的认知，是企业发展绿色经济的前提。随后在从绿色经济的某一方面切入，制定相关措施，将会有效地促进企业的绿色发展。这是企业家从资本思维转向为绿色商业、智慧商业思维的过程。

二、绿色创新：开启转型新纪元

在任何时代，任何领域，创新都是获得更好发展的重要途径。在对绿色经济形成全面的认知之后，还需要进行绿色创新，才能将绿色经济的实践持续进行下去。那么，应该在哪些层面进行创新？又该如何创新呢？这些问题对企业的绿色实践提出了新要求与新标准。

全联房地产商会商业地产工作委员会会长王永平认为，资源与能源是企业发展绿色经济的重点，因此，修炼"节能内功"，进行资源配置结构的创新是有效方法。勒泰集团商业董事长王广策也认为，对现代信息、资源进行系统化、全面性的整合，促进资源配置的优化，是发掘商业价值空间的资源与能源创新。

"科学技术是第一生产力"，这在绿色经济时代同样有效。企业应该加大绿色技术创新投资，并将技术更好地运用到企业经营与管理的过程之中，从而提升经济收益与社会效益、环境效益，这又为企业进行绿色技术创新创造经济基础。最终形成绿色技术创新——发展——绿色技术创新的良性循环。

绿色管理创新则是需要企业在生产、运营、物流、服务、人才培养等环节加入绿色可持续的理念，在管理体制上进行全面的绿色创新。可以通过创新运营、数据智能等实操行动，提升管理效率，为绿色经济的发展创造良好的环境。

绿色市场创新，则是从市场需求出发，抓住消费者对产品与服务的需求，并将这些产品、服务与消费者的生活进行更为完美的融合，打动消费者。中广融信媒介咨询执行董事田涛认为，绿色市场的创新的前提应该是：了解消费者体验产品的愉悦感的形成，并通过数据分析让消费者的每一次体验，都与产品理念形成情感上的共鸣。

绿色市场创新虽然以消费者需求为导向，但并不是为了讨好消费者，而是为了成为消费者，从而能够从消费者的角度出发，做到真正意义上的为消费者服务。

资源与能源、技术、管理、市场四个层面的创新，将是企业迎接绿色经济时代的最重要且最充分的准备。

三、数据赋能：实现可持续发展

"绿色+数字化"将会成为绿色经济时代重要的发展模式。黄俊鹏作为奇点研究院中研究绿色经济的高级顾问，推出的《2019奇点(中国)商业地产绿色竞争力白皮书》为企业提升绿色竞争力提出建议，提出科技指数是企业提升绿色竞争力的重要指标之一。

科技指数指标要求企业依托于绿色技术的创新，发展绿色智慧，并与企业经济真正融合，从而促进企业实现"蝶变"，这将是引领企业在未来绿色经济时代的竞争之中取得胜利果实的重要途径。

例如，如今已经出现的智慧家居，以住宅为平台，通过网络通信技术、自动控制技术、音视频技术等将与家居有关的设施连接，打造高效的住宅设施与家庭日常管理系统。这不仅提升了家居的安全性、舒适性与便利性，还将节能环保的理念融入到家居设施之中。这是商业地产企业与智能家居制造企业应对绿色经济时代的有效措施。

在绿色经济构建的未来，许多企业将会实现"绿色+经济"的发展模式，并通过多方合作，打造绿色全产业链。

"兵马未动，粮草先行"，绿色经济时代已经降临，企业应该预先做好准备工作。从认知转变转向实践创新，这是企业在面对绿色经济时代有效的事前准备。在做好准备之后，我们就要开始了解"绿色经济究竟为何"的问题，从而制定更加详细的计划与策略。

第 2 章
什么是绿色经济

　　人人都知道绿色经济发展的重要性，每个企业都在大力提倡绿色发展，那么究竟什么是绿色经济？绿色经济是否就是循环经济或者低碳经济？企业发展绿色经济又将面临哪些问题？本章将会从这些问题出发，为大家揭开绿色经济的神秘面纱。

2.1 绿色经济思想演变的三个阶段

跟随时代发展的步伐是企业在经济新形式之下的生存与发展之道。绿色经济的时代已经到来，那么究竟什么是绿色经济呢？

绿色经济思想是构成绿色经济的核心，其思想在不同的阶段有着不同的具体内涵。以下是绿色经济三个阶段的不同内涵。

一、第一阶段（1989—2006年）

1989—2006年是绿色经济思想的兴起阶段。1989年，环境学家皮尔斯在《绿色经济的蓝图》一书中，首次提出了绿色经济思想与概念。但早在1972年，绿色发展的模糊概念与思想就已面世，而绿色发展是绿色经济的核心所在。

绿色反思是1972年的年代性特征，这一年中出现了许多具有历史性意义的文献资料。例如，罗马俱乐部发表的《增长的极限》，对西方工业化国家以高耗能、高污染为核心的褐色经济增长模式与方法提出质疑，认为这种经济模式与可持续性发展背道而驰。同时，对当时的企业发出警告：地球资源的消耗极限与工业无序增长的天花板，将会成为制约企业发展的关键。

同年，联合国已经意识到人类环境与经济增长之间无形的联系，于是在斯德哥尔摩举行联合国人类环境会议。在这次会议上，联合国环境署成立，各个参与会议的国家代表就"只有一个地球"达成共识，并推出了《人类环境宣言》。

至此之后，环境保护与绿色发展逐渐传播开来，生态环境与经济发展之间的联系获得了更多人的认可。这是绿色经济的萌芽,是皮尔斯提出绿色经济思想与概念的前提。

1987年,世界环境和发展委员会发表了《我们共同的未来》,从环保与发展的角度,继续深化绿色发展的思想:强调对新资源的开发与利用,提高资源利用率;强调降低污染排放,实现经济发展与环保的双赢。此时的绿色发展思想已经于趋近于皮尔斯的绿色经济思想。

皮尔斯在吸取他人理论的基础上,从环境经济的角度,深入探讨了可持续发展的途径与方法,从而提出绿色经济。皮尔斯阐述了环境保护与经济发展的具体联系与发展改善问题,但其本质是对可持续发展经济的阐述。

在绿色经济的兴起阶段,以皮尔斯提出的思想为阶段性特征。在这一阶段之中,虽然提出了环境保护与经济发展的问题,但并没有提出具体、有效的措施与方法。民众的绿色经济认知仅停留在环保层面,并不理解保护环境对经济发展的具体推动作用与过程。

综上所述,绿色经济思想的第一个阶段是兴起阶段,绿色经济更多的是作为改善生态环境的被动措施。

二、第二阶段(2007—2009年)

绿色经济思想在2007—2009年已经趋于成熟,这一阶段是绿色经济思想发展的完善时期。

2007年,联合国环境规划署发布了《绿色工作:在低碳、可持续的世界中实现体面工作》,将绿色经济重新定义,即:重视人与自然的和谐,能够创造并面向广大人民群众提供高薪工作的经济模式。

这一定义突破了人们对于绿色经济的单一的环保层面的认知,使绿色经济发展成为多维度理论与思想。

2008年10月,这一阶段的绿色经济思想开始付诸行动。联合国环境规划署拉开了全球绿色新政的序幕,并将绿色经济计划提上日程。除此之外,联合国环境规划署还提出了发展绿色经济的思路与建议,获得了国际社会的回应与拥护,打造绿色经济成为国际社会保护环境与经济发展的新趋势与新潮流。

本阶段的绿色经济开始从多维度对环境保护与经济发展进行研究,强调整体性的经济系统的转型与完善。但本阶段并未将生态系统与经济系统较好地融合,实现生态环境与经济发展的平衡是本阶段的重点,这使生态环境系统与经济系统仍旧属于两个系统。

三、第三阶段(2010—2018年)

绿色经济每个发展阶段的思想内核都会产生相应的变化与升级,其第三阶段的思想内核是2010年联合国开发计划署提出的绿色经济新定义(见图2-1)。

本阶段发展绿色经济的目的在于给全人类带来幸福感,展现社会的公平,并通过改善生态环境,降低发展经济的环境风险。绿色经济至此阶段成为多重含义、立体的复杂概念,即将生态环境系统、经济系统与社会系统相联结,在经济发展、环境保护以及社会公平层面达到平衡状态,从而提升经济收益,促进长久发展。

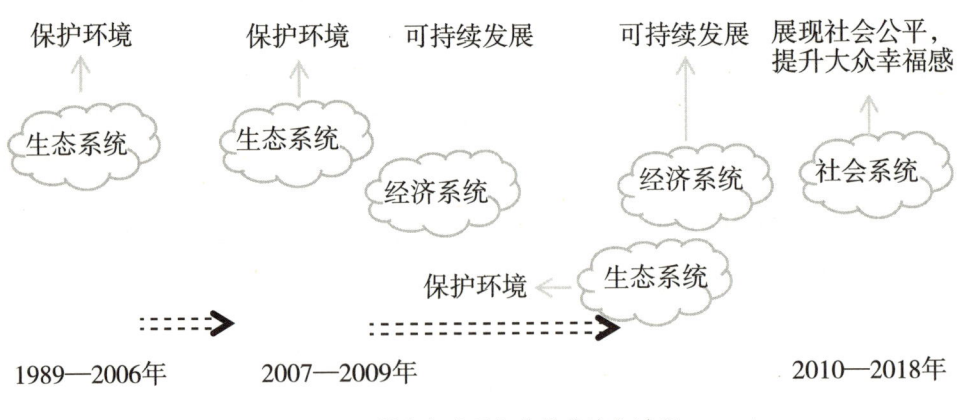

图2-1 绿色经济思想的具体演化过程

综上所述,绿色经济的思想内核随着时代的发展而不断地发展变化,在未来也还会根据生态系统、经济系统与社会系统的变化,不断完善与丰富。

但在目前阶段，我们各个企业的实践重点依旧在于实现各系统的平衡与融合，实现可持续性发展。这就要求企业大力发展绿色经济、循环经济与低碳经济。

那么，绿色经济、循环经济与低碳经济三者之间存在何种联系？这种联系对企业的可持续发展又有何影响？

2.2 绿色经济 VS 循环经济 VS 低碳经济

许多人认为：绿色经济就是低碳经济或者循环经济，但实则不然，绿色经济与循环经济、低碳经济虽一脉相承，但各有侧重。

一、三者的具体内涵

（一）绿色经济

从上文中提及的绿色经济思想演变的过程之中，我们可以发现绿色经济并不是一个新产生的概念，而是来源于人们对 20 世纪中期的黑烟滚滚的黑色文明的反思。

绿色经济概念的先驱者雷切尔·卡逊通过出版《寂静的春天》，揭示了急速的工业发展对环境的污染、对生态系统的破坏，是绿色经济思想的萌芽。

从其思想的演变过程可以了解到绿色经济与可持续发展同宗同源。绿色经济强调人与自然的和谐，将绿色可持续发展作为目标（见图 2-2）。

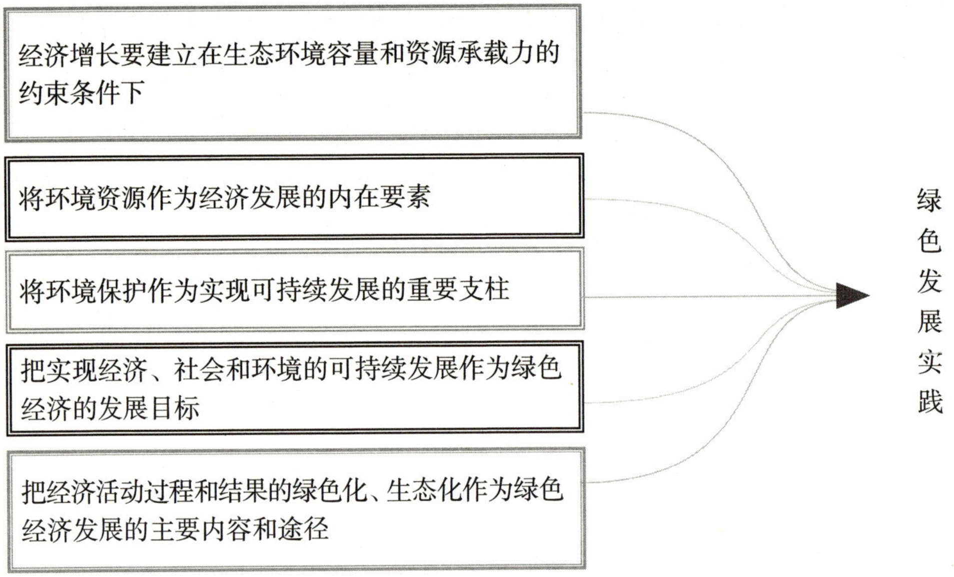

```
┌─────────────────────────────────┐
│ 经济增长要建立在生态环境容量和资源承载力的 │
│ 约束条件下                        │
└─────────────────────────────────┘
┌─────────────────────────────────┐
│ 将环境资源作为经济发展的内在要素      │
└─────────────────────────────────┘                    绿
┌─────────────────────────────────┐                    色
│ 将环境保护作为实现可持续发展的重要支柱  │   ──▶         发
└─────────────────────────────────┘                    展
┌─────────────────────────────────┐                    实
│ 把实现经济、社会和环境的可持续发展作为绿色 │                   践
│ 经济的发展目标                    │
└─────────────────────────────────┘
┌─────────────────────────────────┐
│ 把经济活动过程和结果的绿色化、生态化作为绿色 │
│ 经济发展的主要内容和途径            │
└─────────────────────────────────┘
```

图 2-2　绿色经济的实践要求

企业在进行发展绿色经济的实践过程中，需要根据绿色发展的实践要求制定规划实施，才不至于偏离绿色发展的轨道。大力发展绿色经济，是促进企业实现三效合一（社会效益、环境效益与经济效益）的重要途径。

（二）循环经济

循环经济思想的先驱者是美国经济学家肯尼思·波尔丁，他通过出版的《未来宇宙飞船的地球经济学》，首次提出了循环经济的概念与思想。在这本书之中，肯尼思·波尔丁表示地球是由一个封闭的物质系统构成。在这一系统之中，经济与环境的关系呈现出循环状态。

在1990年，肯尼思·波尔丁的循环经济得到发展，戴维·皮尔斯在此基础之上提出了循环经济理论模型。该模型的主要标志就是将自然生态系统与经济系统紧密联系起来，共同组成生态经济系统。绿色经济是表现人与自然的和谐，而循环经济则是对人与自然和谐关系的深化（见图2-3）。

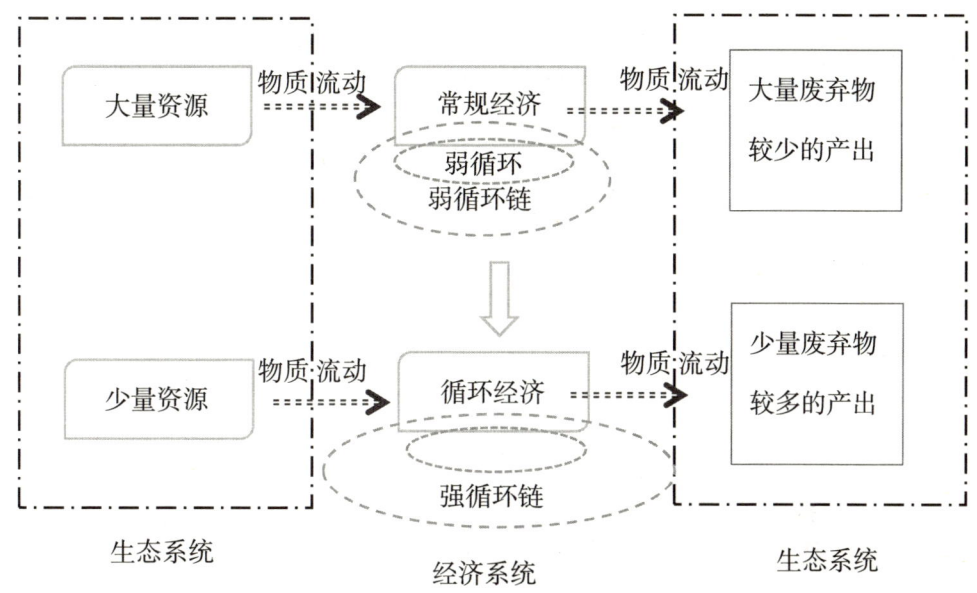

图 2-3　循环经济理论模型

从 20 世纪 70 年代开始，循环经济理论开始运用到实践之中，其目的主要是为了解决工业发展遗留下来的大量废弃物以及生产消费产生的大量废弃物的问题。德国、日本等国家从这些废弃物为切入点，将其二次开发利用，从而达到"内外均衡，一体循环"目的，实现可持续发展，实现提升生产与消费的目的。

"内外均衡，一体循环"是循环经济的核心，也是发展循环经济的重要途径。"内外均衡是指企业维持经济系统与生态系统平衡"。在生态系统之上，企业要保护生态环境，提升资源的利用率；在经济系统之上，企业需要保障系统内部再生产关系的平衡。

而"一体循环"则是企业根据循环经济理论模型，通过维持生态系统与经济系统之间的物质流动与循环，将两者融合成一个大系统。从大系统的整体出发，通过全面的物质流动与循环利用，促进企业的可持续发展（见图 2-4）。

发展循环经济是企业发展绿色经济的一部分，是实现绿色发展的重要环节。

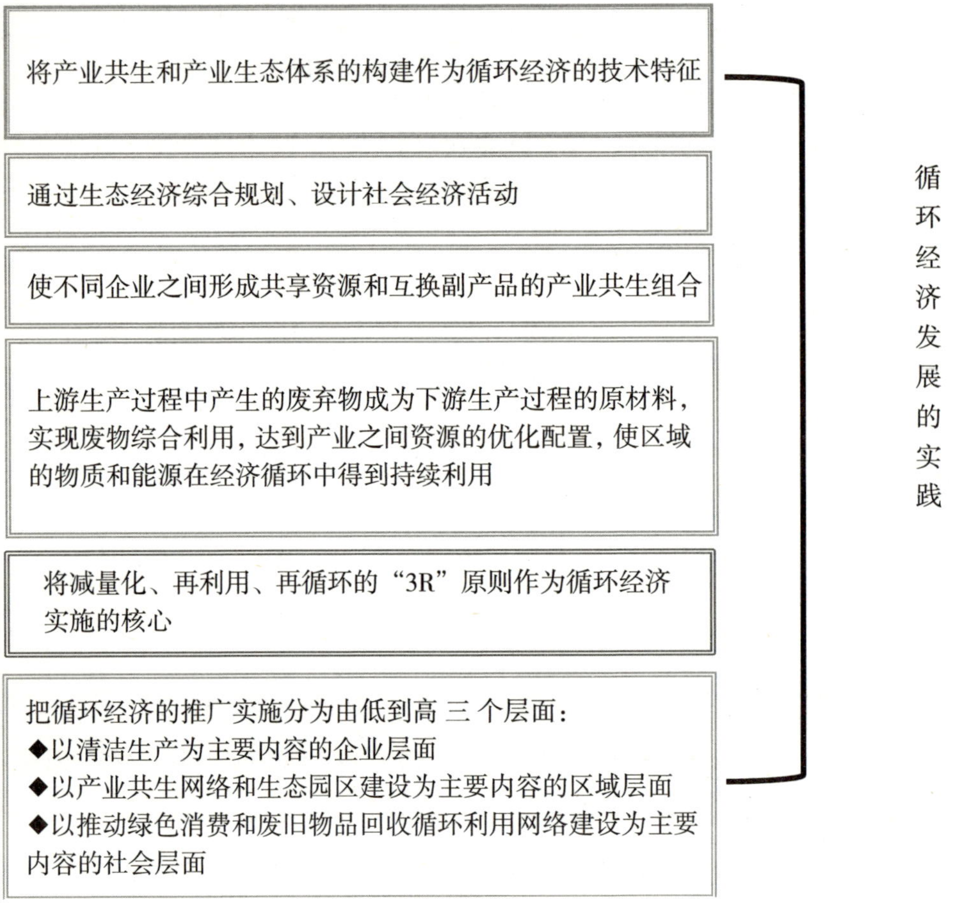

```
┌─────────────────────────────────────────────────┐
│ 将产业共生和产业生态体系的构建作为循环经济的技术特征 │
└─────────────────────────────────────────────────┘
┌─────────────────────────────────────────────────┐
│ 通过生态经济综合规划、设计社会经济活动              │
└─────────────────────────────────────────────────┘
┌─────────────────────────────────────────────────┐
│ 使不同企业之间形成共享资源和互换副产品的产业共生组合 │
└─────────────────────────────────────────────────┘
┌─────────────────────────────────────────────────┐
│ 上游生产过程中产生的废弃物成为下游生产过程的原材料， │
│ 实现废物综合利用，达到产业之间资源的优化配置，使区域 │
│ 的物质和能源在经济循环中得到持续利用                │
└─────────────────────────────────────────────────┘
┌─────────────────────────────────────────────────┐
│ 将减量化、再利用、再循环的"3R"原则作为循环经济      │
│ 实施的核心                                       │
└─────────────────────────────────────────────────┘
┌─────────────────────────────────────────────────┐
│ 把循环经济的推广实施分为由低到高 三 个层面：        │
│ ◆以清洁生产为主要内容的企业层面                   │
│ ◆以产业共生网络和生态园区建设为主要内容的区域层面   │
│ ◆以推动绿色消费和废旧物品回收循环利用网络建设为主要 │
│   内容的社会层面                                 │
└─────────────────────────────────────────────────┘
```

循环经济发展的实践

图 2-4　发展循环经济的实践要求

（三）低碳经济

相较于绿色经济与循环经济，低碳经济出现的时间则晚了许多。直到 2013 年，低碳经济的概念才正式在《我们能源的未来：创建低碳经济》一书之中被提出来。在此之后，低碳经济的思想得到了《联合国气候变化框架公约》巴西里约热内卢会议的肯定。

低碳经济真正用于实践是在国际金融危机爆发之后。美国率先发展低碳经济突破经济危机，各发达国家纷纷效仿，制定低碳经济策略，从而将低碳经济推向国际大舞台。

可持续性发展是低碳经济的指导理念。在这一理念的指导之下，依托于新技术与高效的制度，实现产业转型；并通过新能源的开发，减少生产制造的能源消耗，减轻对环境的污染，从而实现环境保护与经济发展的双赢。不急于眼前之利，以长远发展的眼光去实现更长远的发展。

低碳经济的目标途径与节能减排一致，都是以低能耗、低排放、低污染为核心，减少碳基能源的消耗与污染，避免加速大气变暖，实现可持续性发展。这要求每一个产业在低碳经济的实践中，要将减少温室气体排放作为各项行动的出发点（见图2-5）。

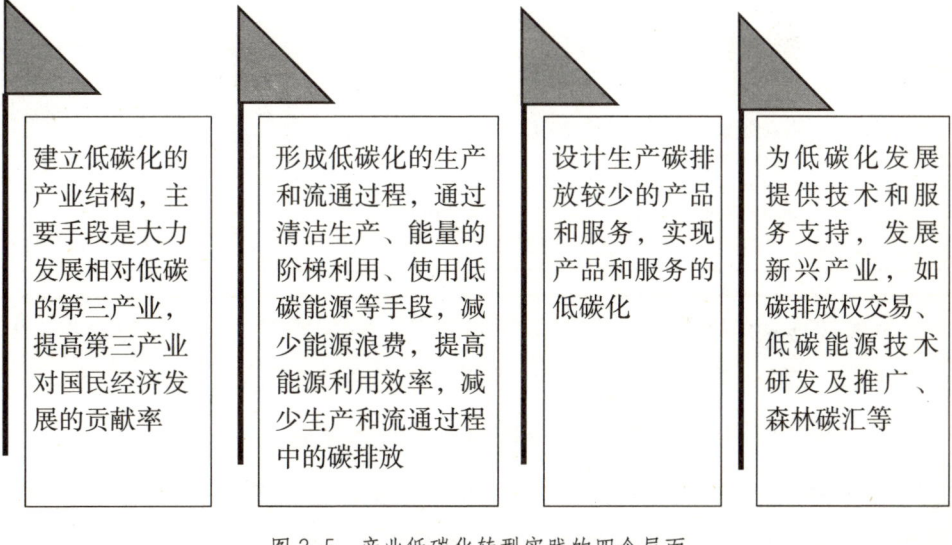

图2-5　产业低碳化转型实践的四个层面

产业化进行低碳化转型，要求企业将低碳经济的理念融入生产、管理、物流等各个方面。归根到底，企业发展低碳经济就是以减少温室气体的排放为核心，组织企业生产、管理等活动，从而降低企业经济发展之中的污染排放，为减速全球变暖贡献一分力量。

企业在具体实践时，能源的低碳化转型是重中之重，要通过改善现有的能源结构，以碳能源为主转变为以清洁能源为主。同时，企业还需大力推广低碳消费的理念，促进消费者的低碳出行、低碳生活，让人人都参与到环境保护的行动之中。

目前，中国正在推行的节能减排与低碳经济的目标与途径统一，并制定了相关的政策。对于企业而言，应该把握机会，获得政策支持，深入发展低碳经济，与时代的步伐保持一致（见表2-1）。

表2-1 三种经济模式的内涵

经济模式	概念	相同点
绿色经济	绿色经济泛指人与自然和谐的（或者说资源节约、环境友好的）经济活动及其结果，是个涵盖面很广的概念，包括生产、流通、分配、消费等经济活动的各环节，也包括环境保护和生态建设活动	本质相同：可持续发展观念。具备相同的系统观、发展观、生产观、消费观、最终目标
循环经济	循环经济指的是生态经济大系统良性循环的经济形态，强调通过自然资源的节约利用、物品的再利用以及废弃物的资源化和无害化	
低碳经济	低碳经济或者说低碳发展的主要目的是应对气候变化、减少温室气体排放，它是绿色经济的一个重要组成部分	

综上所述，绿色经济、循环经济与低碳经济三者虽在本质上保持一致，但仍有差别。那么，这三者之间的具体关联是什么呢？

二、绿色经济、循环经济、低碳经济之间的关系

绿色经济、循环经济和低碳经济本质上都是符合可持续发展理念的经济发展模式，在指导思想上完全相同：相同的系统观，即人类和自然界相互依存、相互影响；相同的发展观，即经济发展要在资源环境的承载力范围内；相同的生产观，即节省资源的投入，提高利用效率，进行清洁生产；相同的消费观，即适度消费、物质尽可能多次利用和循环利用；相同的最终目标，即促进人与自然和谐，实现可持续发展。因此，发展绿色经济、循环经济、低碳经济在本质上是一致的。

由对于绿色经济、循环经济、低碳经济内涵的解读可知，三者在针对具体问题、作用范围和方式上存在一定区别。

（一）低碳经济与循环经济都属于绿色经济范畴

绿色经济泛指人与自然和谐的（或者说资源节约、环境友好的）经济活动及其结果，是个涵盖面很广的概念，包括生产、流通、分配、消费等经济活动的各环节，也包括环境保护和生态建设活动。循环经济、低碳经济都属于绿色经济范畴。

循环经济是将企业对自然环境造成的影响控制在自然能够自我调节的范围之内，并通过高效的转化自然资源与能量，促进企业产能提升。将经济系统与生态系统巧妙地融合在一起，共同促进企业的发展，构建企业的核心竞争力。

同时，通过"3R"原则，即减量化(reducing)、再利用(reusing)和再循环(recycling)三种原则，提升开展循环经济的可操作性。由此可见，循环经济是开展绿色经济的途径。

低碳经济则是绿色经济重要组成部分，是实现循环经济的重要途径。低碳经济强调降低能源消耗、提升能源利用率，从而实现降低经济发展中温室气体的排放量的目的。而循环经济也包括能源的节约与高效利用，降低污染排放，保护环境。因此，从能源角度与碳排放的角度出发，低碳经济是实现循环经济具体的、有效的途径之一（见图2-6）。

图 2-6　绿色经济与低碳经济、循环经济的总体关系

综上所述，低碳经济与循环经济都是企业发展绿色经济的重要内容与组成部分。其中，循环经济是实现绿色经济发展的重要途径，而低碳经济是实现循环经济的有效途径之一。这三者在绿色经济的范畴内，形成了一个相互促进发展的驱动链，是促进企业稳定发展、可持续发展的"铁三角"。

（二）三者一脉相承，又各有千秋

绿色经济、循环经济和低碳经济的本源与指导思想都是可持续性发展，这三者是一脉相承的；各有千秋则体现在针对具体的问题时，所呈现出的关注点不同；三者作用的范围与发生作用的方式也有所差异。

1. 关注点的差异

如今，我国全面建成小康社会的战略已经进入第一阶段。在这一阶段，"如何打破资源环境对经济增长的限制，以及如何保持并促进经济的进一步发展"是急需解决的问题，也是各个企业考虑的重点问题。

发展绿色经济、循环经济、低碳经济是解决这一问题的关键所在。针对这一具体的问题，三者虽然关注点不同，但都殊途同归。循环经济的主要关注点在于能源的可持续；低碳经济的关注点在于环境的保护；而绿色经济则是循环经济与低碳经济的集大成者，能源与环境两手抓，最终达到解决经济发展的瓶颈问题。

因此，各个企业应从我国实际国情出发，在国家政策的支持下，通过循环经济与低碳经济行动，积极发展绿色经济，从而突破发展的瓶颈。

2. 作用范围与方式的差异

低碳经济、循环经济与绿色经济的作用范围不同，发生作用的方式与途径也有所差异。

绿色经济的实践行动包含所有以节约资源、环保为主题的经济活动，以及这些经济活动导致的结果，而循环经济与低碳经济就位列其中。因此，绿色经济的作用范围最广，作为实现循环经济的途径的低碳经济的作用范围最小，循环经济在两者之中。

绿色经济通过循环经济与低碳经济发生作用，循环经济通过低碳经济发生作用，而低碳经济主要依靠节能减排发生作用。三者环环相扣，相辅相成。

目前，中国作为具有担当的世界大国，已经主动承担起碳减排的责任。中国企业也应该响应国家的号召，发展绿色经济，这不仅是作为中国企业的良心与义务，也是实现可持续发展的必经过程。

那么，企业通过发展绿色经济获得何种效益，才能实现可持续性发展呢？

2.3 绿色经济的三重效益

经济发展呈现新气象，环保攻坚战的号角已吹响，绿色经济的发展正步入正轨。这三者的互动与发展过程，将会为企业的发展带来了何种变化与影响？发挥着怎样的作用呢？

"一杯牛奶强壮一个民族"，这是伊利作为中国液态奶市场的开拓者，形成的社会责任意识。伊利立志要为全球提供健康食品。

从 2007 年开始，伊利集团董事长就已提出"绿色领导力"、可持续性发展的理念，并在之后的发展实践中，形成"绿色产业链"，坚持可持续性发展。

伊利的绿色发展十分重视生态环境的保护，其保护的湿地可达 26 万平方公里，并与世界自然基金会联手实施"东北湿地保护项目"。伊利对环境、生态的保护，以及对资源的可持续性利用，使伊利被联合国和专业国际组织评为"以低碳理念履行社会价值的最佳表现者"。

伊利还耗费巨资开展 100 多个节能项目。例如，改造车间节能灯车、升级车间清洗系统、回收空压机余热等，将绿色发展理念贯彻到底。伊利不断优化能源循环利用对策，在保护环境的同时，降低了生产成本，提升了经济效益。

2017年，伊利深度对标联合国可持续发展目标2030，对企业社会责任管理体系进行了全新升级，构筑为面向未来的"共享健康可持续发展体系"，英文翻译为"World Integrally Sharing Health"简称"WISH"体系，意为"美好生活"，代表着"让世界共享健康"的梦想，也代表了对美好生活的追求与向往。

具体而言，"WISH"体系是伊利对标、落实联合国可持续发展目标（SDGs）的重要体现，将所识别出来的重点关注的9个可持续发展目标，融入到履行企业可持续发展的四个重点行动领域：产业链共赢（W：Win-win）、质量与创新（I：Innovation）、社会公益（S：Social）、营养与健康（H：Health）。

2019年3月21日，伊利召开以"可持续性发展"为主题的会议，强化了绿色发展的理念，对绿色管理模式进行了再次创新，在获得经济效益的基础之上，保护环境，肩负起自身的社会责任。

伊利的发展之路，为其他企业发展"绿色经济"做出了表率，并对其他企业提出了绿色经济发展的思路，即环境效益、经济效益、社会效益的"三合一"。

那么，企业发展绿色经济的"三效合一"具体包含哪些内容呢（见图2-7）？

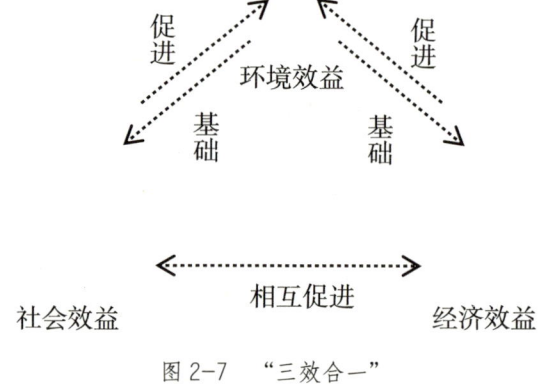

图2-7 "三效合一"

一、环境效益

环境效益是企业获得社会效益与经济效益的基础，也是企业发展绿色经济的基础。环境效益是衡量企业发展对生态平衡与人类生态环境的影响，这种影响分为正面与负面影响。因此，企业的环境效益也可分为正效益与负效益两种。

而企业发展绿色经济的目的，就是减少负效益，提升正效益，从而促进企业的可持续性发展。企业提升环境效益的正效益，可以从以下两个方面入手。

（一）保护生态环境

生态环境是人类赖以生存与发展的根本，企业在发展过程中对生态环境的保护，是其理应承担的社会责任与义务。

增加自然资源的利用效率，是合理利用资源、减少污染排放、保护生态环境的重要途径。

例如，诺维信公司与中粮集团携手，提升纤维质的利用率。纤维质是世界上资源量最为丰富的可再生资源，包括甘蔗、红薯等经济作物、草、桔梗、林业边角料与落叶等城乡固体垃圾。为了提升纤维质的利用率，两家公司在黑龙江共同投资建设了试点基地，将玉米秸秆纤维素转化为乙醇，2015年生产规模就达到500吨。

诺维信公司与中粮集团将作为废弃物的秸秆二次利用，创造出巨大价值，不仅减少了焚烧秸秆造成的大气污染，还为能源市场做出贡献，促进自身经济效益的实现。

推动消费者的生产生活方式向低碳化转型，是企业保护生态环境、实现经济效益的另一途径。

例如，超市对饮料瓶的回收。在国外，消费者喝完瓶装饮料之后，可以将饮料瓶拿到超市售卖，超市会将饮料瓶按品牌分类进行回收利用。这种方式可以帮助消费者树立绿色消费的意识，加强对环境的保护意识，从而促进生活方式的低碳化。

企业想方设法地提升自然资源的利用率，促进消费者形成绿色消费理念与低碳化生活方式，都是为了应对全球环境问题，如生产发展带来的大气污染、全球变暖、水污染、垃圾污染等。这些环境问题影响着人类未来的命运，企业对环境问题的重视，是其责任感的体现。

（二）能源可持续利用

除了保护生态环境可以实现环境效益之外，促进能源的可持续利用也是有效手段。

一般而言，大型企业与工厂的发展都与化石燃料密不可分。这类能源的储量有限，且在使用的过程会为环境带来较大的污染。因此，企业在提升这类能源的利用率、促进可持续使用的同时，还需要开发新能源，促进能源的多元化发展（见表2-2）。

表2-2 企业发展绿色经济的多元化能源

能源类型	具体种类	特点	企业能源构建方向
化石燃料能源	煤、石油、天然气	属于不可再生能源，储量有限；污染较大	提升已有能源的利用率，继续开发新能源
新能源	太阳能、氢能、风能、地热能、海洋能、生物质能	资源丰富，属于可再生资源；没有污染或者污染较小，属于清洁能源	

企业与工厂使用新能源可以构建更加稳定清洁的能源结构，减少对环境的污染。虽然企业研发、利用新能源前期的投入较大，但在新能源设备建成之后，可以提高效率、降低成本，实现长远的收益与可持续性发展。

除此之外，对于企业而言，新能源的使用能保障能源和资源安全。例如，太阳能比石油带来的安全隐患要小，在一定程度上可以保障企业与工厂的安全。

获取环境效益的对策，不仅能够让企业获得社会的称赞，提高自身品牌的影响力，还能促进经济效益的提高。

二、经济效益

企业的绿色经济效益是指花费最少的人力、能源、资金等资源，获得尽量多的经营成果，是对资金占用、成本支出、有效的生产成果之间的比较。而以环境效益的正效益为前提的经济效益，往往能够实现较大的经济效益。

环境效益会促进企业不断地进行生产结构优化，提高资源利用效率，引导产业改造升级，从而实现高效率、低成本，扩大经济效益。

例如，珠三角地区的生态鱼塘——桑基鱼塘，将种桑养蚕与鱼塘水产养殖结合起来。其具体的模式为：在池埂上或池塘附近种植桑树，用桑叶养蚕；将蚕沙、蚕蛹等制作鱼饵料，促进水产养殖的发展；将鱼塘塘泥作为桑树肥料。这样的模式形成了池埂种桑、桑叶养蚕、蚕蛹喂鱼、塘泥养桑的循环生产系统，将各个生产链条组成一个高效的闭合回路。这不仅降低了对环境的污染，还提升了各种资源的利用率，实现扩大经济效益的目的。

企业的经济效益分为直接效益与间接效益。直接效益是通过增加经济收益，或者减少成本与支出而实现的，可以直接被计算；间接效益，又称为"外部效益"，是企业对社会做出的贡献，能够带来一定的经济收入，但收益不能被计算。

企业将环境效益与经济效益相结合，就是将直接效益与间接效益相结合，通过生产结构的优化，实现循环利用，降低成本，提升效益。同时，还承担起保护环境的社会责任，为人类未来的发展贡献一分力量，这促使企业在消费者心中塑造良好的企业形象，成为企业的"无形资产"。

三、社会效益

绿色经济之中的社会效益对企业而言，就是通过生产与销售满足公共的某种利益，并接收到社会评价。社会效益也分为正效益与负效益，而企业发展绿色经济的目的之一，就是实现社会效益的正效益。

企业实现社会效益的正效益主要从三个方面出发，即产业、就业、消费者，通过对这三者带来正面影响，推动发展。

对于自身产业主题，强调高效、创新，以新技术和新模式驱动生产效率的提升。

对于就业主题而言，企业要创造大量绿色就业机会，满足社会发展的需要。

例如，京东、淘宝等电商企业在不断完善自身业务链、扩大规模的同时，也创造了大量的快递员、物流专员等就业岗位，缓解了社会的就业压力，为社会的发展做出了贡献。

对于消费者主题而言，引导绿色消费观念与绿色生活方式是企业获得正面的社会效益的关键方法。例如，支付宝通过回收服务、蚂蚁森林的建设，向消费者传递出绿色消费、绿色出行的理念，让广大群众都参与到绿色建设中来，共同促进人类未来的良好发展。

企业要想发展绿色经济，实现社会效益，需要创建社会效益评价，从而围绕自身产业、就业、消费者这三个方面扩大正效益（见图2-8）。

绿色经济的三重效益相互影响，相互促进。在本质上需要企业树立绿色、可持续性发展理念，通过优化自身的能源结构，升级产业结构与绿色管理模式，降低对环境的破坏，实现环境效益，从而带动经济效益与社会效益的提升，最终促进企业"三效合一"，实现可持续性发展。

识别利益相关者，制定适当的框架机制，使他们参与到相关的实践中。
例如，向消费者传递绿色消费理念，促进消费者参与到环境保护的实践中。

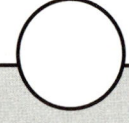
确保受益人能够从企业制定的相关策略与计划之中，感知到社会变化。
例如，创造就业机会，让大众能够获得更多的就业机会。

评估制定的框架机制与策略的社会影响。在发现具备负面影响时，要及时改进、优化，避免带来不良影响。

图2-8　企业社会效益评价的主要任务

绿色经济的核心为三重效益、两层面的发展路径。本节我们对企业发展绿色经济的三重效益做了详细阐述，接下来我们将去了解绿色经济的两个层面的发展路径。

2.4 绿色经济两个层面的发展路径

我们研究绿色经济应该从社会、经济、政治层面去分析绿色经济的发展路径。

不同国家的国情不同，其绿色经济的发展路径也会产生差异。我国绿色经济的发展路径，在于社会多方角色的共同产业，从而实现促进绿色经济发展的目标。由于绿色经济的政治层面与社会层面息息相关，因此，将这两个层面结合到一起进行阐述。

一、社会层面

社会层面是以企业为中心，向外囊括了政府、金融机构、科研机构、消费者这四种社会对象，并通过社会对象的共同作用，实现企业经济的增长（见图2-9）。

（一）政府路径

政府在企业发展绿色经济这一过程中发挥着无可替代的作用，因为我国绿色经济的整体发展路径，都是在绿色经济政策的引导下形成的。

在2016年，"十三五"规划提出的经济与社会发展的五大核心发展理念，就已将"绿色"的理念列入其中，与"创新""协调""开放"与"共享"的理念，共同指导绿色经济在战略目标、制度建设、量化指标等多个层面的战略规划。

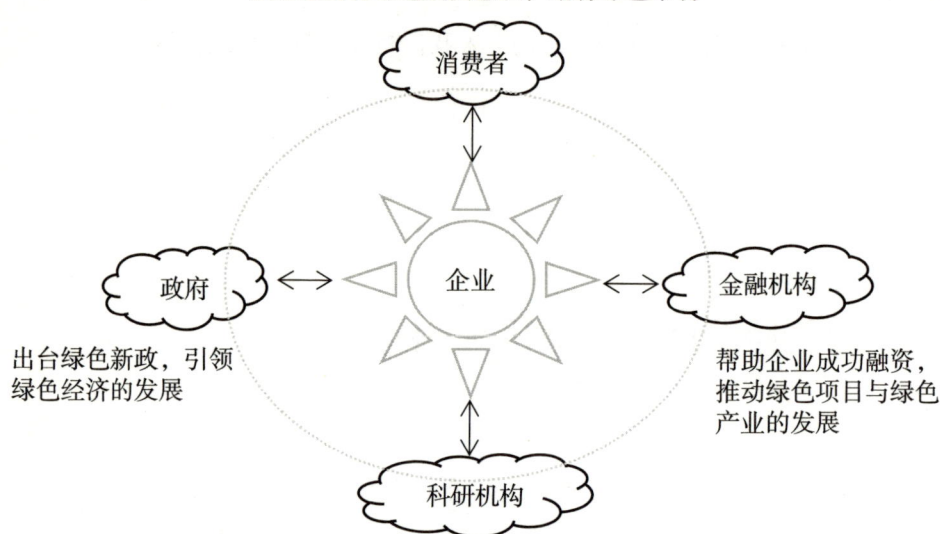

图 2-9　绿色经济发展路径的社会层面

2017 年，党的十九大报告中提出绿色发展、生态文明的建设、绿色共赢价值观，为企业发展绿色经济指明了新方向。

在绿色发展上，政府加快绿色生产与消费的法律制度的建设，制定相关的政策发挥导向作用，并通过将绿色经济、循环经济、低碳经济的融合，建立健全绿色经济体系，促进以市场为导向、以技术创新为基础的新体系。这让企业在进行绿色经济的实践中，能够向消费者传递出绿色价值观与低碳的生活观，将消费者也纳入发展绿色经济的领域中。

在生态文明建设上，要始终坚持"青山绿水就是金山银山"的理念，通过提升资源利用率，实现节约资源和保护环境的目的。在传递绿色价值观上，要将"共同、综合、合作、可持续"作为发展绿色经济的安全观，并将这些观念融入至构建崇尚自然、绿色发展的生态体系的过程之中。

从这三个层面出发，政府制定了较为完善且有效的导向性政策，以党的十九大报告精神与《国民经济和社会发展第十三个五年计划刚要》为发展绿色经济的核心指导思想，并一层一层地布局，即中央到国家整体布局——整体产业布局——细分产业布局。层层细分，让绿色经济的发展最终落到企业、消费者、金融机构、科研机构等社会对象身上。

相关政策的发布使绿色共赢价值观得以广泛传播，这提高了建设生态文明的可行性，推动了企业绿色发展的进程。

（二）金融机构路径

金融机构是搭建绿色金融体系，推动企业绿色化转型的关键。发展绿色经济与市场经济源头的资源配置密不可分。而资源配置中，资金配置的转变是企业结构的转型与升级、实现绿色可持续发展的高效驱动力。让企业将资金配置的重点从高耗能、高污染的产业中，转向节能高效的绿色产业领域。

在政府的推动下，绿色金融制度逐渐得到完善与改进，与财税、价格、绿色金融基础设施等相配套的制度也已进行完善。制度的完善，让绿色金融的发展有了支撑力量，促进了绿色金融规模的不断扩大。例如，在2017年绿色债券的发行量约为2512.14亿元，达到了全球绿色债券的32.16%。

除了绿色债券之外，企业还可以利用绿色保险、绿色信贷、绿色股票、绿色基金等绿色金融工具实现资本向绿色项目的流入，促进绿色发展（见表2-3）。

表2-3 绿色金融各方面的效益

绿色金融内容	可以实现的效益
绿色债券	从社会获取资本，降低绿色项目的资金成本
绿色保险	将环境风险线性化，间接提高污染性项目的成本，从而降低污染性项目的比例
绿色信贷	从社会获取资本，降低绿色项目的资金成本
绿色股票	引导更多资金流入，间接降低绿色投资的资金成本
绿色基金	国家投资绿色项目，带动社会资本的流入，使绿色项目建设获得有力支撑

目前，我国企业已经开始将绿色金融的理念从理论转换到具体的实践中，并在规模效应、经济效应等方面取得了一定的成就。

（三）科研机构路径

科研机构研发创新的绿色技术是驱动产业转型与升级的技术支撑力量，是促进企业实现绿色发展的本源力量。

绿色技术在绿色发展规律的范围之内，以绿色市场为核心，通过节约资源、保护环境，从而促进企业实现绿色可持续发展的技术系统。研发的绿色技术需要贯穿企业的产业链，使企业从横向发展转变为纵向发展，提升企业发展的高度，推动企业走向绿色升级与发展道路。

在目前的新常态下，企业可以应用到的科研机构研发的绿色技术有：计算机技术、绿色生产技术、清洁工艺技术，以及治理污染的技术。这些技术从生产链的前端一直延续到后端，并从不同的角度发挥作用（见表2-4）。

表2-4 绿色技术的四种类型

绿色技术类型	具体技术	发挥的作用	产业链
计算机技术	大数据、云计算、人工智能、物联网等技术	降低信息获取和传递的能耗；减少人力和资源的投入使用；通过智能化管理提高资源的利用效率，减少资源浪费	运用于产业链的前端
绿色生产技术	清洁生产、新材料、生物工程、基因工程等技术	从设计、研发、生产的全过程节约能源，预防污染；从生产源头输出易于回收利用和再生的产品	运用于产业链的中端
清洁工艺技术	新能源、节能、回收再利用、环境检测等技术	在产品销售、流通、消费过程中提高资源效率；减少污染物的排放和废弃物的产生	运用于产业链的中端
治理污染技术	净化处理"三废"（废水、废气、固体废物）的技术	在生产最后环节消除生产过程中产生的污染，进行末端污染控制	运用于产业链的终端

（四）消费者路径

企业的服务对象是消费者，如果只在生产上做到绿色生产，而忽视向消费者传递绿色消费观,就会使绿色经济在消费者这一环节形成堵塞。

绿色消费狭义上指的是消费者在节约、环保、健康等消费观念下的消费行为。但其广义定义除了消费无污染的节能环保产品外,还包含消费者自觉抵制高污染、非节能的产品,在消费的过程与生活之中,对环境保护、节约资源有着较强的意识。

根据 2017 年的《中国可持续消费研究报告》的数据显示,我国超过 70% 的消费者已经具备绿色消费意识,并将这种意识运用到消费过程与生活场景之中。这是由于人们的教育水平的普遍提高和消费的升级,促进了绿色消费理念的传播与发展,让消费者在追求优质的服务与产品体验的同时,注重自身消费的环保性。

在这一大背景之中,企业应该积极地承担起自身的社会责任,与消费者进行绿色消费的互动,向消费者传递绿色消费的价值观,从而促进自身的长久发展。

在传递绿色消费观上,企业应以市场为主导,顺应需求端到供给端的时代潮流,为广大的消费者提供高质量的绿色产品与服务,在潜移默化之中让消费者习惯节约环保的消费行为与方式。除此之外,电商、零售企业等供应端,应该主动宣传绿色消费,构建绿色市场,从而促进绿色消费的进一步传播。

二、产业层面

在绿色经济的发展路径中,其经济层面的分析就是对产业层面的解析。产业层面的主要发展路径就是进行产业升级与结构优化,促进绿色化产业结构的形成,从而推动绿色经济的发展。

(一)产业升级路径

产业的绿色化升级主要以技术创新、管理创新、商业模式创新以及市场创新为核心驱动力,推动企业产业升级,促使产业经济实现绿色化与生态化。

技术创新是产业升级的根本驱动力。在技术创新的过程之中,依旧以企业为主体,市场需求为导向,运用绿色技术发展产业经济,而产业经济又为绿色技术的创新提供经济基础与支持,从而使企业在盈利与绿色技术创新层面形成一个螺旋上升的循环链。

管理创新的主体是管理者与企业家，对象为企业。企业家在日常的管理过程中传递出绿色发展的理念，例如生产运营过程、人才培养过程等，从而将绿色发展的理念在潜移默化之中让员工铭记在心，共同推动绿色经济的建设。

商业模式的创新要求企业摒弃单纯追求规模效应的传统商业模式，投入生态化与市场化相结合的高效环保的商业模式的怀抱之中，将绿色发展贯彻到底。例如，目前市场上的共享单车就是商业模式的创新，是一种共享型的环保商业模式。

企业通过市场创新，为消费者提供市场化的绿色产品与绿色服务，以市场需求为导向，在产品质量、价格、设计等方面进行创新的同时，传递绿色消费观，引领绿色消费潮流。

通过以上四个层面的创新，推动企业的转型与升级，实现绿色化改造与绿色发展。

（二）产业结构优化路径

产业结构优化是将传统产业与新兴产业的比重进行调整、优化，从而促进企业结构的调整与优化。合理配置资源是产业结构优化的核心，这使产业结构更为合理，提升了资源配置效率与资源的利用率，推动经济绿色化程度的加深。

现有的产业类型以传统产业与新兴产业两种类型为主。传统产业的特征是高耗能、高污染、技术落后，属于劳动密集型产业，如纺织业、钢铁业等。而新兴产业以节能环保、发展可持续性等为主要特征，属于技术密集型产业，如新能源汽车等。

发展绿色经济，不仅要将传统产业与新兴产业的比重调整到合适的水平，还需要加强两种产业之间的合作。新兴产业可以为传统产业提供先进的绿色技术的支持，推动以传统产业为核心的企业实现转型；传统产业累积的资源可以为新兴产业提供资源帮扶，促使新兴产业的企业实现规模扩张，获取规模效益。两者相辅相成，共同推动产业经济的全面绿色化。

企业可以根据以上两个层面的发展路径，全面推动自身的绿色发展，实现可持续性发展。从上述内容中，企业已经认识到发展绿色经济的路径，但在具体的实践中仍会出现各种问题，企业应该防患于未然，预先准备。

接下来，我们将分析企业发展绿色经济的痛点，从而根据痛点制订预防方案与计划。

2.5 绿色经济发展的四大痛点

企业绿色经济的发展之路不会是一帆风顺的，而是在不断解决问题的过程中，纠正前进的方向，坚定不移地发展绿色产业，全面推进企业效益的绿色化。以下四大痛点，将是企业发展绿色经济的拦路虎。

正所谓"知己知彼，百战不殆"，企业只有在深入了解这些痛点之后，才能制定出更有效的应对方案与策略。

一、绿色消费观念尚未全面普及

世界由七大陆组成，但你是否知道第八大陆正在形成？第八大陆处于太平洋的"无风带"，人迹罕至。这一大陆完全由垃圾组成，且生长速度极快，被人们称为"太平洋垃圾旋涡"，别名为"第八大陆"。是谁创造了"垃圾大陆"？

几千公里外甚至是更远的人类是制造"垃圾大陆"的元凶。在这片大陆上，有来自人类废弃的球鞋、塑料袋、集装箱……700万吨的垃圾聚集在此地。垃圾为何远渡重洋来到距离遥远的海洋？这是一个艰辛的过程。

人们随手扔在地上的垃圾，通过雨水等途径进入溪流，再进入江河，最终汇入大海，为千万里之外的海洋生态带来毁灭性的打击。

也许，会有人觉得垃圾大陆的形成与人们的消费观念并没有较大的联系，但实质上大错特错。绿色消费观念并不是只包含消费行动，更包含环保理念。

这一理念不仅体现在消费过程中对绿色产品的挑选，更体现在日常生活的小事之中。垃圾大陆的快速增长，表明绿色消费理念传播与普及的程度还不够，这将成为企业发展绿色经济的阻碍。

例如，某些消费者喜欢过度包装的产品，认为这样比较高端。而企业是以消费者需求为导向的。因此，企业将会花费更多的资源在包装的设计与制作上，造成了资源的浪费。再加上消费者未真正接受绿色消费观念、未形成环保理念，在消费过后，很可能会出现垃圾乱扔的情况。

因此，企业应该将环保理念与品牌相结合，在向消费者传递品牌价值观的同时，渗透绿色消费观，并不断研发绿色产品，引导消费转向绿色消费，从而促进企业的绿色发展。

二、绿色物流尚未全部落实

物流行业是企业发展绿色经济必不可少的一环，是企业实现产品流通的桥梁，也是企业供应链的尾端工作。虽然，各个企业都已经将绿色物流提上发展日程，但实际效果不明显，且一部分绿色物流措施与策略尚未落到实处。

造成这一痛点的主要原因在于绿色物流技术的支撑较为薄弱，以及绿色物流的意识行为的匮乏，这将是企业发展绿色物流的阻碍。

在技术层面，企业对包装的无害化处理率低。特别是一些小型物流企业，没有足够的资金的支持，无法进行大规模的包装回收，也没有处理回收包装的技术条件。一些贵重物品或者易碎物品的包裹包装繁多，是浪费资源的一种表现。如果企业能够设计出适合这些物品的包装，将会提升资源的利用率，降低浪费率。

在物流运载工具上，使用的能源依旧以高耗能、高污染的能源为主，对生态环境造成的负面影响较大。这需要企业进行技术创新，开发新能源，降低能耗，保护环境。

在物流意识上，只有企业具备绿色发展意识，还无法真正促进企业绿色物流的发展，消费者也是企业绿色物流中的一环。企业应该与消费者在绿色物流上达成共识,并不断地通过互动,加强双方的绿色物流意识。在企业端,加强对包装的回收率;在消费者端,培养消费者保护环境、不乱扔包装袋的意识与习惯,从而在合作中促进企业绿色物流的发展。

解决绿色物流的痛点,做好产业链的收尾工作,企业才能形成完整、高效的绿色产业链,形成"绿色物流,人人有责"的良好发展氛围。

三、绿色制造问题较为突出

目前,许多零售企业都已经认识到绿色制造与生产的重要性,开始将绿色的、可循环使用的材料运用到产品的制造过程中。但由于回收企业技术的不到位,使那些具备可回收材料的产品废弃物无法被二次加工。

除上述具体的问题之外,企业绿色制造的主要问题还包括以下四个方面。

一是节能减排实践尚未系统化。目前,虽然节能减排意识已经得到加强,但工业领域的节能减排工作多是围绕重点工序、重点设备、重点企业以及重点行业开展,对上下游企业之间衔接、行业间协同耦合、工业与社会间生态链接等系统的节能减排重视度不够。

二是节能减排不平衡、不协调问题突出。我国工业经济发展不平衡,东中西部地区分别处于工业化进程的不同阶段,节能减排水平不同,存在不平衡、不协调问题。

三是实现总量与强度双控目标难度大。

四是产能过剩继续制约节能减排动力。

四、绿色金融尚存缺口

目前,绿色金融取得了较好的发展,但仍然无法支撑各个企业实体经济的转型,这是企业发展绿色金融的拦路虎。形成原因主要有以下几点。

一是绿色金融的激励性不强,无法提供所需的资金,造成巨大的资金缺口。

二是金融机构不具备较高的绿色金融层面的专业能力,无法准确识别企业的绿色项目、产品与服务。

发展绿色金融需要金融机构判断融资企业的环保信息,评估融资企业的环境风险并合理定价企业的金融产品。但金融机构缺乏专业知识，会让一些企图钻空子的不良企业获得绿色融资，得到那些真正发展绿色经济的企业的资源。这将是企业发展绿色金融的一大障碍。

三是绿色金融的标准不一，国内与国外标准的不同容易在绿色金融领域造成混淆的现象，阻碍企业发展绿色金融。

以绿色债券为例，国内的标准以《绿色债券支持项目目录》和《绿色债券发行指引》为基础，形成了两套标准。而国际上则主要应用在《绿色债券原则》的基础之上形成的标准。这三种标准都存在一定的差异，在一定的程度之上，造成了市场的分割与混淆。企业在发展绿色金融的过程中，找不到固定、统一的支撑理论与指导思想，无法寻得明确的方向。

四是绿色金融领域内的配套体系不完善，环境信息不对称。这为企业发展绿色金融带来了较大的风险。

企业在发展绿色金融时，往往会面临信息不足、不对称的难点。企业发展绿色金融需要满足一定的条件，否则金融机构无法对企业进行风险与收益评估，使企业无法获得相应的资格，对企业的污染型项目的转型存在较大的负面影响。

企业的绿色金融存在以上痛点，要想解决这些问题，需要从"推"与"拉"两个层面促进非绿色向绿色的转型。

绿色经济是企业实现可持续发展的必然趋势，但要在绿色经济时代的浪潮之中获得更大的赢面，就必须解决这四大痛点，推动自身的转型与升级，紧密契合生态文明建设与绿色发展的主题，取得较强的竞争力。

第 3 章
绿色消费：消费升级下的产品之道

绿色消费是企业在消费升级环境下的产品之道，将会为企业的发展带来新机遇。各个零售企业应该从培育绿色消费的着重点入手，培养消费者的绿色消费意识，引领绿色消费行为，构建绿色市场，从而推动自身的绿色发展。

3.1 绿色消费：供给侧新机遇

我想问大家几个问题：

你在饿了么点外卖时，会注意在订单之中勾选不用餐具吗？

你为了在蚂蚁森林中一颗樟子松，而刻意增加步行与公交出行的次数吗？

你会在蚂蚁庄园之中领养一只小鸡，通过线上缴费、线上支付等方式获取饲料来喂养小鸡，并通过喂养小鸡产生的爱心捐赠给公益项目吗（见图3-1）？

上述这些问题对于使用支付宝的用户并不陌生，并且大量用户会明确地回答："会！"他们将不用一次性餐具、绿色出行、绿色消费融入自己的日常生活之中，真正开启了低碳绿色的生活方式。

这一现象从侧面说明，绿色消费的理念已经在大众层面得到了较好的推广与普及，并促进了绿色经济的发展。能够取得这样的成就与企业的绿色发展理念的推广与实践密不可分。

通过宣传绿色消费理念，企业不仅加强了消费者的绿色消费观念，还增加了自身的环境效益、社会效益与经济效益。以支付宝为例，饿了么、蚂蚁森林、蚂蚁庄园等各种绿色项目，增加了支付宝自身的活跃量与使用量，在用户端获得较高的评价，在社会层面获得了大众的支持。

由此可见，引领绿色消费是企业发展的新机遇，是绿色消费升级环境之中的有效产品之道。如今，绿色消费已经成为大众消费、企业发展的高频词，但究竟何为绿色消费呢？

第 3 章　绿色消费：消费升级下的产品之道

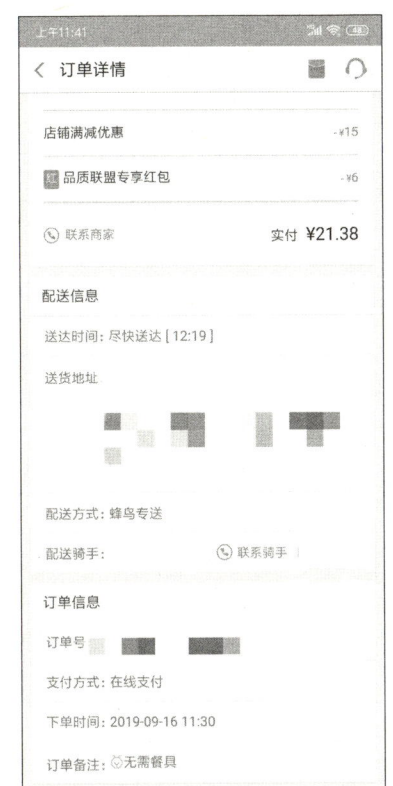

图 3-1　饿了么无餐具订单与蚂蚁庄园部分公益项目

一、绿色消费的具体内涵

绿色消费就是倡导简约适度、绿色低碳的生活方式，将奢侈浪费与不合理消费扼杀在摇篮之中。

其具体概念是以保护环境、节约资源为主要特征的消费行为。消费者的绿色消费主要表现为勤俭节约、拒绝损失浪费，选择消费高效节能、环保的产品的服务等。这些行为都属于绿色消费范畴之内，降低消费过程之中的能源与资源浪费、污染排放。

例如，消费者会选择更加绿色的出行方式；在闲置物品的处理上，也是将其放在二手市场转卖，或者通过回收企业回收，而不是直接丢弃；在垃圾处理方面，会将垃圾分类处理，提高了可回收的垃圾的利用率；在消费产品的过程之中，不会将产品的包装作为购买的首要因素，自觉抵制过度包装，等等。

随着消费者经济的收入与可支配收入的提高，消费水平也在不断升级，消费在拉动经济增长的过程中，发挥的作用愈加明显。引领绿色消费，是促进企业在当前经济新常态之下寻找新的经济增长点与发展新机遇的关键。

二、绿色消费下的新机遇

虽然绿色消费的理念在广泛传播，但过度消费、奢侈浪费的现象依然存在，对环境、资源等方面都造成了破坏。这不仅需要相关部门引导绿色消费，还需要企业也将绿色消费理念的推广提上日程，在消费过程中培育消费者节约资源、保护环境、符合人体身心健康的消费观念，最终促进消费者形成绿色低碳的生活方式与消费模式。

（一）绿色消费是发展的新机遇

在企业的生产端，越来越多的供应商通过大数据的信息分析，抓住了绿色消费带来的转型与升级机遇，取得了较好的销售成果与经济收益。例如，某些家电企业，通过京东上消费者的评价与购买情况等数据的分析，掌握市场的变化，生产供给能够满足消费需求的绿色环保家电。

据京东的绿色消费数据显示，最关注的绿色产品的企业是家电与家居企业。在京东上，绿色家电与绿色家居产品占据绿色销售额总体的 79%。绿色家电在市场之中的渗透率在 2017 年就已突破 32.5%，且还在逐年上升。

绿色家电的生产与销售带来了较为明显的环境效益的正效益，仅节能空调的销售，就能减少至少 16 万吨的碳排放。另外，服饰类与家居家装类产品的绿色化幅度也在不断增加。

（二）生产企业通过绿色生产减低生产成本、提升经济收益

绿色产品溢价的提高也是企业推广绿色消费理念，获取发展新机遇的重点。生产绿色产品采用的是环保材料与无毒、高利用率、低排放率的生产技术，整个产品沿线的环境较好，能够形成较高的产品溢价。产品生产规模的扩大以及各个环节成本的降低都能够提升产品的整体溢价，促进绿色生产与绿色消费之

间的良性循环。

（三）绿色消费为国产原创品牌提供了弯道超车的机会

消费市场研究与技术创新是如今所有生产企业都十分重视的内修与外练项目。企业注重绿色产品的升级，这有助于企业打造绿色化的品牌形象，在得到消费者认可的同时，提高消费者对企业、对品牌的认可度。

在党的十九大报告中，明确提出了要牢固树立社会主义生态文明观。在政策方面，通过加快建立与绿色生产消费相关的法律法规与政策，在直接向大众传递绿色消费观念的同时，促进各个零售企业走向引领绿色消费之路。

政策的支持为国产原创品牌的发展创造了条件，加上政府的部分补贴与经济支持，使引领绿色消费的企业能够快速步上绿色发展正规，从而推动生态文明建设。

企业作为绿色消费环节中的供给方，在引领绿色消费的过程中，获得了转型与升级的机会；通过节能减排，提升了收益；在政策的扶持下获得了更多的发展机会与经济支持。这三个层面是企业在绿色消费趋势下的发展新机遇。在向市场提供高性价比的绿色产品时，也向消费者传递着绿色消费的观念。

这些新机遇是零售行业发展绿色经济的驱动力。那么，作为零售企业应该如何充分借助这些新机遇，在未来的发展之中提升自身的竞争优势呢？

3.2 零售行业培育绿色消费的三个着力点

最近，我在微博上频频刷到良品铺子有关中秋的动态。从这些动态之中，我对零售企业培育绿色消费有了全新的看法，也同样思考着"如同良品铺子这样的零售企业应该如何抓住着力点"的问题。

"忆对中秋丹桂丛,花在杯中,月在杯中",中秋佳节赏花赏月,兴致正浓,少不了月饼相伴。2019年的良品铺子也搭上一片红火的"国潮",与敦煌博物馆联名推出中秋"敦煌潮礼"系列礼盒月饼,且承诺"每卖出一盒,捐助一块钱",捐款将用于敦煌文化的保护。

除此之外,良品铺子还用"一天消失的大地艺术"公益活动,向大众传递出环保理念。8月16日,一幅采用环保沙制成的64平方米的彩色沙画现身在鸣沙山,通过沙画的消失过程,让大众在感受敦煌文化的同时,提醒大众风沙、游客观光等对敦煌文化的破坏,敦煌文化保护迫在眉睫(见图3-2)。

图3-2 良品铺子敦煌月饼与沙画

良品铺子作为食品类的零售企业,积极地向消费者、向广大的人民群众传递出保护文化的理念,而保护文化的重点之一就是保护环境,消费者购买月饼所捐献的钱款的一部分将运用到环境保护中。通过公益活动引领消费者参与到社会公益之中来,践行绿色消费。这是其他零售企业应该学习之处。

通过分析,我找到了问题的答案:其他零售企业应该像良品铺子一样引领绿色消费。

这既是消费革命的必然结果,也是寻找新的经济增长点的途径,更是顺应国家政策，实现全面发展绿色经济的必经之路。零售企业要想培育并引领绿色消费，需要从以下三个着力点进行。

一、着力培育消费者绿色消费的意识

理念与意识是行动的基础。零售企业空有绿色消费的理念，而未向消费者传递，将会功亏一篑。因此，零售企业培育绿色消费的起点应该是培养消费者的绿色消费理念与意识。

零售企业需要将绿色消费的理念融入自身的品牌与产品之中，通过对品牌与产品的宣传，推动绿色消费理念的传播。

除了通过品牌与产品培育消费者的绿色消费理念之外，还可以开展绿色消费的相关公益活动与宣传活动。特别是在全国节能宣传周、全国低碳日、劳动节等开展相关活动，取得的效果将会更加明显。让消费者明白，生态文明建设是每一个人的责任与义务，形成节俭、文明、理性的消费认知，从而推动消费者的低碳行为与绿色消费行为。

例如，2019年6月17日，以"绿色发展，节能先行"为主题的2019年全国节能宣传周启动仪式。格力为了响应此次宣传活动，与天猫、京东、苏宁达成合作，推出"绿色消费活动"，时间为一个月。消费者可以通过以旧换新、套购满减等形式，购买格力空调、冰箱等节能高效产品。

这样的活动可以通过消费者的亲身参与，加强消费的环保与绿色消费意识，使每个消费者都成为绿色消费的践行者、宣传者，共同推动生态文明的建设。

二、着力增加绿色消费的供给

我国消费者消费需求不断升级，但供给体系却无法紧跟消费升级，显现出难以为继的疲态，特别是绿色产品的供给规模还未壮大，无法满足消费者的需求。消费者有心绿色消费，却没有可供其消费的产品，可谓是"巧妇难为无米之炊"。

除此之外，绿色产品缺乏权威的认证、绿色产品的价格较高等问题，也是阻碍零售企业培育绿色消费的障碍。因此，在未来的绿色经济时代，零售企业的着力点之一应该是提供更多的绿色产品与服务。

一方面，零售企业需要进行绿色技术创新，不断地优化产品设计、储存、运输等层面的能源与资源的利用效率，降低污染，从而促进零售企业自身环境效应与经济效应的提高。

例如，海尔集团就是传递绿色消费理念、提供节能环保产品的领风者。海尔的变频空调杜绝使用氟利昂，减少对臭氧层的破坏；拥有"无级变频"技术的卡萨帝冰箱，日耗电量只有0.78度，真正做到了高效节能；3D热水器可以根据用水需求量加热水，降低了能耗……

海尔不断研发新技术，推出节能环保的产品，让消费者能够更加便捷、快速地进行绿色消费行为，不断地通过消费绿色环保产品，强化自身的环保意识，从而增加消费者绿色消费的频次，最终促进企业实现经济效益。

另一方面，零售企业需要优化与升级自身的绿色供给结构。

在采购与制造层面，零售企业应减少有毒、降解难度高、处理难度大的物质材料的使用，加强对产品废弃物的回收利用，开设节能环保计划，降低碳排放量与污染量；避免过度包装，选择无害、可降解、可再生的绿色材料包装产品，严格执行"限塑令"，避免造成资源浪费。

在销售层面，应该积极宣传产品的绿色环保理念，并通过产品的某一方面的环保功效，强化消费者的绿色消费理念。

在管理层面，零售企业需要不断地收集、分析、交换相关的绿色管理信息，使零售领域的企业能够实现数据共享，从而实现更加规范化、精细化的高效绿色管理，提高零售企业的各个环节的效率，实现供给结构的优化。

在物流层面上，有"大数据技术"与"互联网+"等技术助力，帮助企业降低物流环节的能源消耗，提升物流效率，实现经济效益与环境效益的双赢。

增加绿色消费产品的供给的有效途径是建设绿色产业链，将绿色技术运用到企业的管理与生产之中。其本质是直接将产品打造成绿色消费的标签，让消费者在消费的过程之中，不断地提升自身的环保意识。

三、着力借力绿色消费长效机制

培育绿色消费仅靠零售企业自身的力量显然不够。培育绿色消费需要零售企业借力打力,在政府建立的绿色消费长效机制中,实现自身与消费者权益的保障。

政府建立的绿色消费长效机制,能够保障零售领域内绿色消费的稳定、有序、规范化地实施,有效监督各个零售企业在价格、税收、金融等方面,并激励绿色消费行动,促进绿色消费观念的广泛传播与加强。

例如,在价格层面,政府对绿色消费者、生产者、经营者给予一定的经济补贴,促进绿色消费市场的扩大;在税收层面,零售企业的节能环保项目或者绿色产品在达到相关要求之后,可以获得相关的税收优惠;在金融层面,政府发布多项绿色金融政策,支持绿色企业的发展,如苏州发布了各项绿色债券贴息政策。

此外,绿色消费长效机制,健全了绿色消费的法规,增加了有关绿色消费的条款,明确了零售企业应主动承担的责任与义务;通过标准体系的完善,让零售企业有了可参考的标准,明确了发展的具体方向;其中的节能环保监督机制,将绿色市场环境稳定化,为企业绿色发展、培育绿色消费,创造良好的环境。

零售企业通过以上三个着力点,能够有效地培育消费者的绿色消费意识,再通过绿色产品加强消费者的绿色消费理念与行为,借助相关政策的东风,引领绿色消费的热潮。

3.3 垃圾分类:绿色消费在行动

最近,有关垃圾分类的讨论不绝于耳。说到垃圾分类,你最先想到的是什么?是否会想到在各个社交平台上火热的六大灵魂拷问?

算命大师:"您算什么东西啊?"

食堂阿姨:"你要饭吗?"

配钥匙的师傅:"您配吗?"

快递小哥:"您是什么东西?"

滴滴司机:"你弄清楚自己的定位没有?"

继以上五大灵魂拷问之后,上海的垃圾分拣阿姨提出了第六大灵魂拷问:"你是什么垃圾?"

2019年7月1日,上海强制实施垃圾分类之后,为了将垃圾分类实行到底,甚至还推出了垃圾分类考试,并将这一考试放入到学生学业水平的考核中。

网友们就"垃圾分类"掀起了讨论热潮,甚至还衍生出了大不少段子。例如,将"拎得清"的上海人解释为"手里拎着垃圾并能够分清的上海人"。垃圾分类通过娱乐性的话题,将严肃的绿色消费娱乐化,让人们对绿色消费的接受程度更高。

一、垃圾分类与绿色消费势在必行

据相关数据显示,我国每年产生的垃圾总量可高达10亿吨,历年的垃圾堆存量已经超过60亿吨,这个数字还在不断增长。我国的垃圾处理方式有焚烧、堆肥、卫生填埋、堆放和简单填埋(见图3-3)。

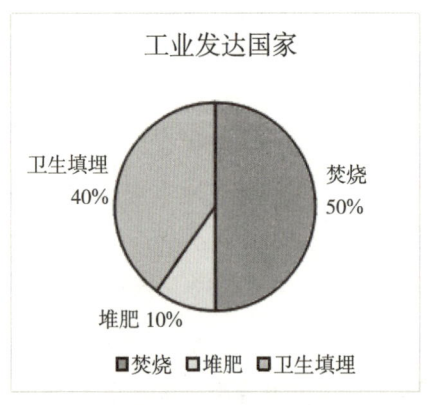
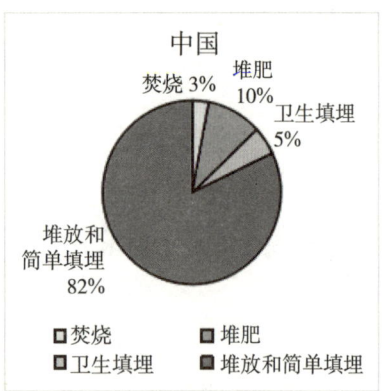

图3-3 发达国家与中国的垃圾处理方式占比

我国以堆放和简单填埋方式为主，需要大量的土地，而许多大中城市与发达城镇，人口较为密集，垃圾填埋的土地需求量大，垃圾填埋已经难以为继。而垃圾填埋会使垃圾中的有害成分扩散到土壤中，造成土地污染，更会对地下水资源造成严重的污染。

除此之外，垃圾填埋造成的气体混合会形成刺鼻的臭味，给顺风向、下风口以及周围的居民带来负面影响。这些气体之中包含甲烷气体，甲烷也是温室气体的一种，其温室效应是我们熟知的二氧化碳的21倍。而且垃圾填埋的费用高昂，每吨垃圾的处理费用约为200~300元。处理单价看似不高，但价格贵在垃圾之多。以北京为例，其垃圾日产量就有12000吨，每天需要消耗的垃圾处理费用很高。由此可见，全国上下每年在垃圾处理方面的耗资惊人。

因此，垃圾填埋对于土地资源越发紧张的中国而言，已经不太适用，需要寻找垃圾处理的突破口，借助新技术，实现无害绿色处理垃圾的目标。而垃圾分类是实现绿色处理垃圾的有效方法之一。

垃圾分类可以提高垃圾的回收利用率，减少填埋的垃圾，降低垃圾填埋造成的污染，减少垃圾焚烧、填埋等的费用。在推广垃圾分类的同时，还会帮助大众形成良好的环保意识，这会让人们在进行消费时，思考产品使用后产生的垃圾的正确分类，减少对环境会造成影响的消费行为，如减少一次性塑料餐具的使用。

垃圾分类促使大众参与到绿色消费、保护环境的行动中，是解决垃圾处理燃眉之急的必要路径，绿色消费行动下的垃圾分类势在必行。

二、垃圾分类带来的新机遇

垃圾分类除了帮助大众形成绿色消费观念外，还会为各个企业提供发展机会，通过绿色发展，再次引导大众消费者进行绿色消费，从而共同推动绿色经济的发展。

（一）流量商机

在垃圾分类政策推出之后，许多人叫苦连天，垃圾正确识别分类成为痛点。

为解决这一现象，众多垃圾分类识别服务上线。垃圾分类成为各个企业获得流量的商机。一些创业企业通过研发垃圾分类系统、软件获得流量；百度、支付宝等企业则通过推出垃圾分类指南，提升自身APP的活跃量。

例如，支付宝在垃圾分类上抢占了先机。在2019年6月28日，"垃圾分类向导"和"垃圾分类指南"小程序在支付宝正式上线，其中包含了4万多种垃圾的正确分类。到8月20日，不到两个月的时间，支付宝垃圾分类小程序就已有57个，用户数量更是突破了千万的量级。

微信紧跟其后，快速推出了4个垃圾分类小程序。美团、饿了么更是后来居上，直接将垃圾分类与自身优势结合，推出线上代扔垃圾的服务。

垃圾分类让这些企业通过研发小程序与软件，让大众在使用时自觉加强环保意识与绿色消费意识，从而达到既发展经济又推动绿色消费的目的。

（二）分类处理机会

以支付宝旗下的易代扔为例，我们将垃圾按照标准分类之后，可以直接在该平台上预约下单，相关回收企业的回收人员会上门取垃圾。这些垃圾将会送到对应的处理厂，进行回收二次利用处理（见图3-4）。

图3-4 易代扔服务流程

易代扔创始人牛棚对于垃圾分类有很大感触。他说，曾经有一位用户将外卖盒洗好后，才在平台下单，这让他觉得随着易代扔上门服务的频次与频率的增多，用户的垃圾分类意识也在不断加深。

（三）二手回收市场兴起

垃圾分类的目的是促进大众绿色消费，提升企业资源的利用率。这一目的推动了二手回收市场的发展。

以在线衣物回收平台白鲸鱼为例，其回收的衣物有 70% 输出到非洲等国家，赚取中间差价；15% 的回收衣物做公益，捐献给山区人民。依托支付宝平台，白鲸鱼回收的旧衣已突破 13000 吨。据相关数据显示，中国每年扔掉的旧衣可达 2600 万吨，将会被焚烧或者填埋，对环境造成了较大的污染。

垃圾分类让人们的旧物利用意识逐渐加强，推动了闲鱼、转转等二手平台的发展。闲置经济成为发展绿色经济的一部分，人们购买旧物也是践行绿色消费。

垃圾回收为企业发展绿色经济提供了新的发展方向，并向消费者广泛传递绿色消费价值观，践行绿色消费。

三、绿色消费让垃圾分类成为时尚

在垃圾分类实行之后，"今天你扔垃圾了吗"等涉及垃圾分类的话题不断地被推上热搜。

在回收端，"谁生产，谁回收"是通行的原则，各个厂家都开始将建设环保无害化处理渠道提上日程。例如，魅族手机与香港新界的环保工厂合作，绿色处理手机；松下自行建设废旧家电回收处理工厂，回收并拆解废旧家电，再将可利用的资源提供给厂家，进行二次生产。

在消费端，利用废旧物换取购买新物产品的折扣是通行方法。这一方法在手机等电子产品行业最为常见。例如，家电的以旧换新活动，消费者可以获得相应的补贴。

北京市商务局统计的数据显示，2019 年 2 月 1 日推出新一轮节能补贴政策后，在短短 34 天之内，各种节能减排产品的销售量大增，其销售额高达 3.38 亿元。以苏宁易购为例，2019 年 3—5 月，其旧机回收的订单可达 44 万单。在"3·15"苏宁全民焕新节以及"6·18"年中大促活动期间，更是用连续两次的 10 亿元补贴，来引导消费者的绿色消费行动，促进了品质消费升级。

垃圾分类，促进了回收端企业的资源利用率的提高，降低了对环境的污染；促进消费者加强了自身的回收利用意识与环保意识，将绿色消费贯穿到日常生活中，为企业实现绿色发展降低难度。

目前，垃圾分类已成为全社会热议的话题。随着 5G 时代的到来，绿色技术也将会取得较大的进步，这将进一步在全社会引爆绿色消费的新时尚。

3.4 【落地实践 1】京东引领绿色消费新浪潮

前段时间，我去上海出差，发现上海市的酒店已经不再主动提供牙刷、梳子、鞋擦等的一次性生活用品，最后只得在超市购买日常用品。

在询问酒店服务人员后了解到，2019 年 7 月上海发布的《上海市生活垃圾管理条例》中已经对一次性日常用品做出相关规定，违规者最高罚款 5000 元。这是继垃圾分类之后，有效实现减量生活垃圾的重要举措。虽然这一条例在源头上有效地减少了生活垃圾，却给人们的生活带来不便。难道我们以后住酒店都要自带日常生活用具吗？

京东考虑到这一问题，给出了人性化的建议与解决方案。京东旗下的京东京造与京东 PLUS 会员强强联手，共同推出了一项绿色公益项目：在上海入住指定范围内的驻铂骊酒店的京东 PLUS 会员，可以免费在酒店领取京东京造提供的生活用品。

京东的这一举措，不仅加强了消费者绿色消费的意识，还提升了自身的绿色影响力。这次公益活动是京东的一次尝试，也是绿色电商企业实现绿色发展的有效示范。

除此之外，京东在其他层面也进行较为了深刻的实践。近日，京东在电商促进绿色消费及可持续发展研讨会上推出了"京东绿色消费发展报告",该报告依托京东大数据深入研究绿色消费与生产端之间的相互作用,并提倡推动绿色包装、绿色运输等。

从京东的态度与行动来看,绿色电商的五个主要工作为:传递绿色理念、引领绿色消费、开展绿色生产、打造绿色物流、推动绿色发展。而引领绿色消费是京东目前正专注的工作。

那么,京东从哪些方面开展了绿色消费实践呢?这些实践行动又能为其他企业带来何种示范作用呢?

一、绿色消费:从"时髦"到"潮流"

随着经济的发展,人们的消费模式与生活态度发生了翻天覆地的变化,绿色消费已经不再是纸上空谈,而是逐渐成为人们的消费准则。以节约资源、保护环境为特征的绿色生活方式已成为社会潮流。

根据京东公开的相关数据显示,京东平台上的绿色消费额呈增长趋势。在2017年前两个季度,其绿色消费总额上升86%,占据京东总销售额的14%,绿色消费的覆盖人群数量也增长了62.2%。

从2017年京东绿色消费覆盖的人群来看,26~35岁这一年龄范围的年轻群体顶起了半边天,该群体的绿色消费金额占总体绿色消费额的52.5%。这一群体正处于婚育阶段,在家居与日用方面的绿色需求较大,其中消费比重最大的为绿色家电产品。

从消费区域来看,经济越发达的地区对绿色产品的消费量越大。在2017年,京东平台上进行绿色消费的区域占比最高的为广东,占比14.5%。

从以上数据来看,绿色消费正进行得如火如荼,也可以从侧面看出,京东对绿色消费的引领作用正在加大。

二、连接生产端与消费端,提升绿色消费水平

京东作为零售电商巨头之一,能够在绿色消费层面发挥巨大的作用,与其自身的电商优势密不可分,更与其绿色经营模式有关。

京东平台的盈利模式中自营产品是主体，占据成交量交易额的60%，而且其自营产品大多都是直接由生产厂家与总代理商提供。这样的优势，可以让京东直接与生产端对接，能够确保产品从生产端到消费端实现绿色化管理与运营，保证绿色产品的质量与售后服务。

正如京东战略研究院高级总监朱玉梅所言："京东一头连着消费端，一头连着生产端，通过规模化的采购、扁平化的渠道以整体化的绿色供应链，能够倒逼整个供应链绩效和绿色化水平的提升。"

生产端属于京东绿色产业链的上游，而绿色消费属于绿色产业链的下游，京东在上下游之间实现了全方位的绿色化。例如，在上游生产端，实用绿色环保的包装材料，提升资源的利用率，减少浪费情况的出现的频率，提升绿色生产的水平。

在下游，则通过绿色金融等手段刺激消费的绿色消费行为，用绿色物流将绿色产品送往到消费者端。例如，在物流包装上，京东采用自己专利的防撕袋；在配送生鲜产品时使用全降解材料制成的包装袋；将封包胶带变窄，每年至少可减少使用500万平方米的胶带；使用共享快递盒，提升快递盒的使用率等。

京东在与宝洁、雀巢等品牌的合作过程中，在包装上达成绿色共识：实现包装的简约化、减少二次包装等。通过这些方法，京东在2020年预计可以减少一次性100亿个快递纸盒的使用，这相当于2015年一整年的纸箱使用数量。

京东在将产品送到消费端的过程中，通过投入使用新能源车与智能技术，可使每一辆运输车每年可减少5.84吨碳排放放量，京东计划在未来的5年中，将普通车全部替换为环保车，进一步减少碳排放量。

衣物回收计划也是京东在下游消费端开展的绿色公益项目。2016年，京东就已在北京、天津开展了此类项目，在6天内筹集到了14多万旧衣，捐赠人员超过了8767人。2018年，京东继续推动这一项目的开展，在一周内获得13万人捐献的40多万个旧玩具。京东通过回收利用这些玩具，可以减少排放二氧化碳800吨。

电子发票是继旧物回收计划后的又一项效果显著的实践行动。在2016年年底,京东开具电子发票突破 6 亿张,节约了 300 多吨纸,相当于保护了 2000 多棵成年树木,减少二氧化碳排放量 200 吨。电子发票的使用,不仅对环境有着极大的正面作用,也使账单账目数据化,促进了纳税的透明化。

京东通过以上几个方面,实现了上游生产端到下游消费端的联合,为绿色产品的流通提供了更加便捷与快速的渠道与方式。2017 年上半年,京东平台上的绿色品牌增多,其中绿色蔬菜品牌数量增幅最大,增速达到了 70%;京东提供的绿色产品数量也在不断增加,绿色厨房家电的增速达到了 27.9%。

京东在引领绿色消费方面走在了行业前列,在促进自身绿色发展的同时,还为合作企业提供智能化、绿色化的基础设备,从供应链上下游、技术等层面为合作企业赋能,从而实现全面的绿色发展。这是京东在承担起引领绿色消费重任的同时,表现出的企业良心与社会责任感。

3.5 【落地实践 2】沃尔玛的绿色供应链管理

如今,你在沃尔玛的购物是怎样的?

进入沃尔玛,在货架上拿出你需要的商品,随后边走边扫码,将商品加入虚拟购物车,将商品放进自己携带的环保购物袋之中,随后进行线上支付,获得一个二维码。在走出沃尔玛时,将获得的二维码放在自动收款的感应器上扫一扫,即可完成购物。

这样自动化的购物方式与过程,不仅提升了消费者的购物体验,还通过降低消费过程之中的能源消耗,提高运营效率,降低经营成本。沃尔玛推出的扫码购,是用新科技引领的绿色消费的落地实践,是发展绿色经济的新践行。

"诗人的想象力、科学家的敏锐、哲学家的头脑、战略家的本领",这是绿色经济时代对企业家素质提出的要求与准则。而沃尔玛的总裁兼首席执行官——Lee Scott 则誓将这一要求与准则贯彻到底。

在绿色经济发展的第二阶段，Lee Scott 就已经跻身于绿色经济的发展之列。在 2007 年，在 Lee Scott 的带领之下，沃尔玛开启了"环保 360"计划，并宣布了三个雄心勃勃的目标：在不久的将来实现 100% 使用可再生资源；创造零废物；只销售达到环保标准与要求的商品。

在这之后，沃尔玛走上了一条发展绿色供应链的绿色发展之路，效果显著。其形成的绿色产业链是发展绿色消费的具体实践，包含了绿色采购、绿色制造、绿色营销、绿色物流和逆向物流四个大的方面。通过生产端的绿色生产，影响消费者端的绿色消费行为。

一、绿色采购

绿色采购的概念最早在 2001 年被提出，即一个企业的绿色采购是为了应对相关的环境问题而制定的方针与策略。这些方针与策略包含原材料供应商的选择、评估与开发，以及提供采购方案等。

在 2017 年，距离沃尔玛开启"环保 360"计划已经过去 10 年，沃尔玛的绿色采购已经获得了较大的反响与回应。在绿色供应链 2017 年上海高峰论坛上，沃尔玛的全球采购获得了"创新实践奖"。沃尔玛不仅对上百家供应商工程的管理人员进行培训，促进供应商企业的能源效率的提升，还为其提供高效的管理工具，并大力支持供应商工厂节能环保项目。

2017 年，云南泸水市上江镇的番茄大丰收，可农户们却站在一堆番茄面前唉声叹气，满面愁容。农户老左说去年番茄的市价为 1~2 元一斤，而现在的市价却只有几毛钱，且很难销售，他家 3 亩地的番茄亏掉了 1 万多元。

据相关数据显示，在 2017 年该镇共种植了 3000 亩番茄，产量在 1 万吨左右。当时还有 6000 多吨番茄滞销。沃尔玛采取紧急行动，通过番茄的总供应商，检测番茄的质量，确认达到售卖标准之后，开展番茄"爱心采购"绿色行动，采购番茄 80 吨，在就近的 41 家沃尔玛商场售卖，而且沃尔玛售卖的"爱心西红柿",消费者可以用低于市价的价格获得。

沃尔玛这样的采购行为是绿色采购的践行,在确保质量的同时,还自觉承担了一部分社会责任。沃尔玛的绿色行动体现了绿色采购的新方向,即必须确保产品原材料来源的绿色安全,还可以通过一系列绿色公益采购行动,对外展现出自己负责任的绿色企业的形象。

二、绿色制造

绿色制造的主要内容包含绿色设计、清洁生产与绿色包装三项。而沃尔玛作为大型零售企业,以售卖商品为主,其绿色制造更多地体现在绿色包装之上。绿色包装是影响绿色物流发展的重要因素,沃尔玛在此方面始终坚持"5R"原则(见图3-5)。

沃尔玛根据以上"5R"原则,为其自有的16个品牌设计简单而有实效的包装。这一原则从2005年开始就用于制造项目之中,在之后的两年之内,其自有品牌的包装用纸节省了212600立方米,这相当于475200棵树避免了被砍伐的命运。

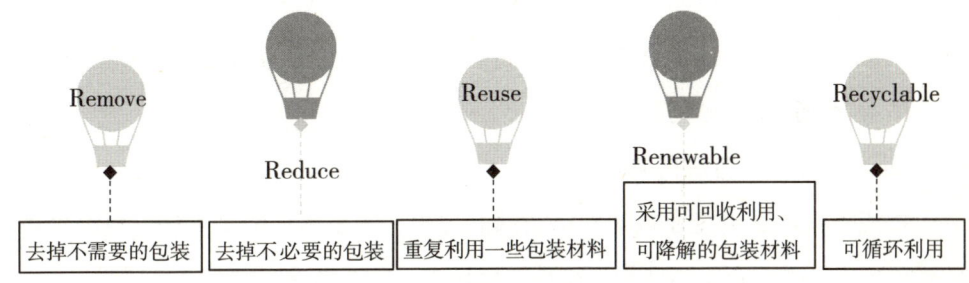

图3-5 沃尔玛绿色包装"5R"原则

除此之外,绿色包装与绿色物流的联系紧密。因包装减少用纸,在很大程度上减少了产品所占的空间与质量,这使产品在两年之内的物流环节中,节省了102350桶油、26400吨柴油,以及84000个集装箱与多如牛毛的塑料包装袋。这有效地控制了碳排量,减少了白色污染,在环境保护上取得了明显的成就。

2018年,沃尔玛表示在未来十年之内将从其绿色生产链之中,减少10亿吨温室气体的排放。这是沃尔玛在践行绿色发展的承诺与目标。

三、绿色营销

沃尔玛曾在全国沃尔玛广场上以节能环保为主题，推出技能环保产品的促销活动。在此次活动之中，沃尔玛为消费者提供了高质低价的绿色产品，如节能的家用电器、绿色环保的家居产品、绿色健康的食品等。

除此之外，沃尔玛还在全国范围之内，根据不同城市的市场需求与关注点的不同，推广不同的节能环保产品。

在家用电器中，沃尔玛主要推荐节能灯、节能冰箱、节电节水洗衣机等，在一定程度上可以节约能源、保护环境；在日化产品的推荐上，主要以免洗洗手液、无磷洗衣粉等产品为主，这可以减少产品对水质造成的污染；在家居卖场中，主要以用绿色环保材料制造的家居用品为推广对象，如以秸秆材质的牙刷、天然植物纤维的洗碗巾等，这在降低污染的同时，有效地提升了废弃农作物的利用率。在鲜食卖场，来自农场的绿色有机蔬果、杂粮为主要推荐对象。

沃尔玛的绿色影响并不是空有噱头，而是在保证产品的绿色与高质的基础之上，向广大消费者真心地推荐产品，并给予最大限度上的优惠折扣。沃尔玛的绿色营销为其他企业的营销做出了表率作用，并让其他企业明白：绿色营销，不是话术营销，而是绿色产品与"走心"的营销。

四、绿色物流与逆向物流

物流是将产品由企业端送到消费端的过程，处于生产链的末端。但沃尔玛的绿色生产链并不止于消费端，而是继续延伸，发展出逆向物流这一环节。

（一）绿色物流

沃尔玛将绿色物流的概念融入其自行创建的物流网络中，并制定了严格的规定与要求：冷藏货运卡车到达仓库、码头之后，在卸货的过程之中要停止制冷发动机，改用现场电源进行制冷工作。这一项规定，使沃尔玛全球冷藏车队能够减少40万吨的二氧化碳排放量，其价值相当于700万美元。

沃尔玛在配送中心还建立起环保节能系统，充分利用太阳能。例如，屋顶全部都是自然采光、使用太阳能热水器等。嘉兴的沃尔玛配送中心，采用的多项环保节能设备与系统每年能够减少679吨二氧化碳排放量。这相当于一个中国普通家庭251.5年的碳排放量的总和。不仅配送中心会使用节能环保设备，沃尔玛门店也会使用，例如，采用LED灯、EMS灯光控制系统等。

沃尔玛的绿色配送从运输到门店售卖，都将绿色环保的概念融入其中，贯彻到底，这是其他企业在绿色发展的过程之中应该效仿之处。

（二）逆向物流

逆向物流可以简单地理解为与常规正向物流相对应的物流过程，其目的之一在于：重新使废弃产品或有缺陷产品具备使用价值，或者对最终的废弃物进行绿色环保处理。

沃尔玛的逆向物流包括废弃产品、缺陷产品与废弃物的回收、检测、分类、再制造和报废处理等。例如，沃尔玛商场推出的易拉罐、置办的有偿回收服务，不仅可以加强消费者的回收利用意识，还能通过回收增加自身的资源利用效率（见图3-6）。

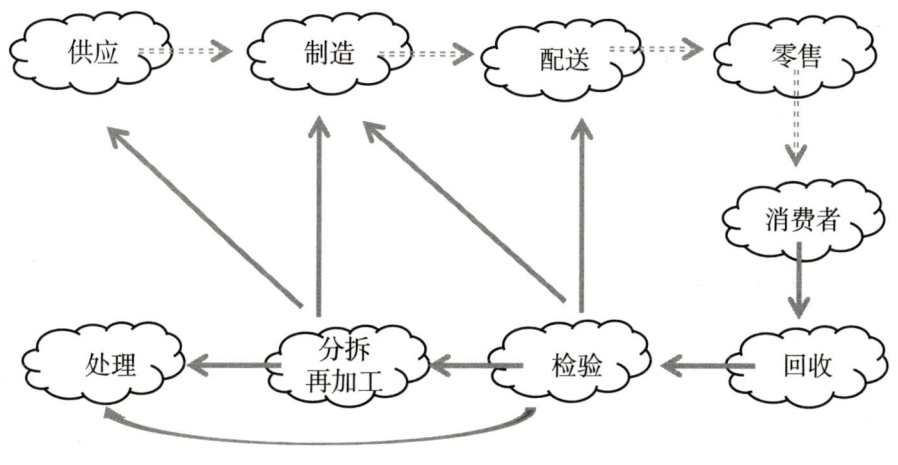

图3-6 沃尔玛的正向与逆向物流流程

沃尔玛作为零售街的独角兽，拥有 66000 个供应商，其 SKU（库存单位）已达 100000 个，分布在 70 多个国家。

其供应链因自身的庞大而变得尤为复杂，而沃尔玛的"环保 360"计划，将其生产链的各个供应商、资源方、利益方联系起来，通过绿色采购、绿色制造、绿色营销与绿色物流，建立回收系统，减少能源与资源的消耗，减少碳排放量，提升资源利用率，并形成具有沃尔玛特色的绿色供应链。这是沃尔玛在绿色经济时代中发展的根基。

"如果一个企业想要在竞争激烈的全球市场中有效发展，它就不能忽视日益明显的环境信号，继续像过去那样经营。"这是哈佛大学 Nazli Choucr 对于企业发展的看法与建议。积极承担环保责任，对各个企业而言，并非是经济损失，而是绿色发展的驱动力。

沃尔玛正是意识到了绿色发展的重要性，才将绿色、可持续发展观念融入自身的生产链之中，这不仅带来了可观的经济效益与环境效益，还提升了自身的影响力。沃尔玛的绿色生产链管理对我们其他企业的绿色发展具有重要的指导与参考价值。

3.6 【落地实践3】"蚂蚁森林"：商业与绿色公益的双赢

马云，为许多人的世界带来了变化。也许是他送给你的人生之中的第一辆车——购物车，改变了你的购物习惯；也许是他每天赋予你成功的体验——付款成功，获得升级的消费体验；也许是他成为你的人生导师，让你明白自身的不足——余额不足，督促你不断地努力奋斗……

第3章 绿色消费：消费升级下的产品之道　　073

后来，马云又让你拥有了自己的一棵树，种在与你相隔大半个中国的地区，承担着保护环境的重任。这就是蚂蚁森林，你可以通过日常消费，积攒绿色能量，当达到一定的标准之后，兑换树苗，然后让这棵树苗在荒漠地区生根发芽。

一、"偷"绿色能量的全民热潮

在蚂蚁森林出现之后，掀起了一股"偷能量"的全民热潮，这与前几年流行的"偷菜"有异曲同工之妙。甚至还有人每天定闹钟，进行收能量、偷能量的行动，每天早上叫醒几亿人的不是闹钟，而是蚂蚁森林。人们对于偷能量种树已经达到一个痴迷的境界。

蚂蚁森林的 5 亿用户，通过绿色出行、在线缴费、拒绝使用一次性餐具的低碳行动，累计种植了 1.22 亿棵真实的树，种植面积相当于 1.5 个新加坡（见图 3-7）。

图 3-7　蚂蚁森林能量与部分可兑换的树苗

在2016年蚂蚁森林上线时,许多人都认为支付宝又要开始做社交,但《蚂蚁金服——从支付宝到新金融生态圈》披露了蚂蚁森林的本质。据其中的描述可知,蚂蚁森林的基本思想是个人碳交易的推广以及碳账户的设计。通过一棵树将抽象化的碳交易概念形象化,并加入游戏元素,让严肃的公益项目互联网化、娱乐化。让用户在娱乐之中,形成绿色环保意识,加强碳交易行动。

蚂蚁森林向大众传递出绿色消费的价值观,并真正对人们的绿色消费行为有正面的引导作用。蚂蚁森林,表面看似是娱乐活动,但本质上是真正的全民公益事业,利国利民。

根据《中国人低碳生活报告》的相关数据显示:蚂蚁森林的5亿用户通过积攒、"偷取"绿色能量,减少碳排放量792万吨,这相当于减少了34亿升汽油的消耗,是中国一半加油站的油量总和。

绿色能量的热潮不仅体现了支付宝的成功,也让每一个用户都能直观地感受到自己的低碳行为对地球、对环境带来的影响。

二、绿色能量下的全民环保

"个体的一次绿色行为,并不能直接影响这个世界",雾霾依旧存在、污染仍未减轻。而蚂蚁森林让"众人拾柴火焰高",将"保护环境,人人有责"的口号真正落到实处。绿色能量的热潮的本质就是全民环保。

据《中国人低碳生活报告》相关数据显示:有25%的中国人习惯用手机、电脑办公,在降低出行带来的时间消耗之外,还可以减少纸张的浪费;每天有3.5亿中国人选择公交出行,共享单车也成为中国人出行的一个趋势,这在极大程度上降低了汽车尾气的排放量;网购"绿色产品"的中国人已经超过1亿,旧物回收意识在人们的意识之中生根发芽……

蚂蚁森林的出现,让成万上亿的普通人参与到植树造林、保护环境的公益事业之中。这让低碳生活成为主流的生活方式,对环境保护有着立竿见影的功效。

到目前为止,支付宝蚂蚁森林构建低的碳生活场景已超过22个,例如,低碳出行、网上缴费、旧物回收、减纸减塑等。借助5亿人的共同努力，支付宝与中国绿化基金会、阿拉善SEE基金会、亿利公益基金会等共同植树造林，保护了超过140万亩绿色土地。

随着蚂蚁森林的普及，人们的低碳环保意识也在逐渐被加强。例如，在盒马上下单弃用塑料袋的消费者提升了22%；消费者在星巴克消费时会减少一次性杯子的使用；消费者在饿了么点单选择不要一次性餐具的用户提升了200%……

正是全民的共同努力才创造了如此多的壮举。人们常说"不管离了谁，地球照样会转"，人们对于世界似乎太过渺小。而蚂蚁森林的出现，让人们意识到"这个世界也会因我的存在而有所改变"。蚂蚁森林，让中国进入了一个全民公益的时代。

三、蚂蚁森林的"商业+绿色公益"模式

在公益事业之中，有这样一条定理："捐钱是公益，但公益不仅是捐钱。"蚂蚁森林的公益做法是脱离捐钱的单一公益，让用户通过绿色能量实现公益的目的。人们在蚂蚁森林之中获取能量，不仅需要依靠低碳行动，还需要依托于消费。

例如，绿色出行以公交与共享单车为主。用户在乘坐公交时，只有使用支付宝提供的电子公交卡、乘车码支付，才能获得能量。而共享单车也与支付宝进行了合作，需要通过支付宝扫码支付才能使用。这在一定程度上促进了共享单车企业的发展，提升了其盈利。

再例如，消费者在饿了么点餐，通过选择不要一次性餐具，然后用支付宝支付，就能够获得绿色能量。消费者通过在支付宝上进入淘票票、飞猪等板块上购买电影票、动车票、飞机票，也可以获得绿色能量。这不仅提升了支付宝淘票票与飞猪的售票量，还提升了支付宝的收益。

由以上内容可知，蚂蚁森林作为支付宝的小程序，对于支付宝有着高度的依赖性。这如同"皮"与"毛"的关系，皮之犹存，毛亦附之。这促使蚂蚁森

林依托支付宝形成了"商业+绿色公益"的新模式,将商业产品与公益平台进行有机融合(见图3-8)。

蚂蚁森林开创的"商业+公益"的新模式,在开启全民公益环保时代的同时,促进了支付宝的使用频次、日活跃量的提升,社交互动的加强,使用场景的增多,通过网络订票、共享单车、在线缴费等实现盈利。这为公益项目提供了一种全新的可能与新的发展方向,即实现绿色工业与商业的共赢。

四、绿色环保与商业模式的创新

蚂蚁森林在3年的时间内,收获5亿用户,种植1.22亿棵树,防风控沙的土地面积可达到140万亩。作为一个公益平台与项目,发展迅速,影响巨大,效果立竿见影,其主要原因就是公益模式与商业模式的创新。

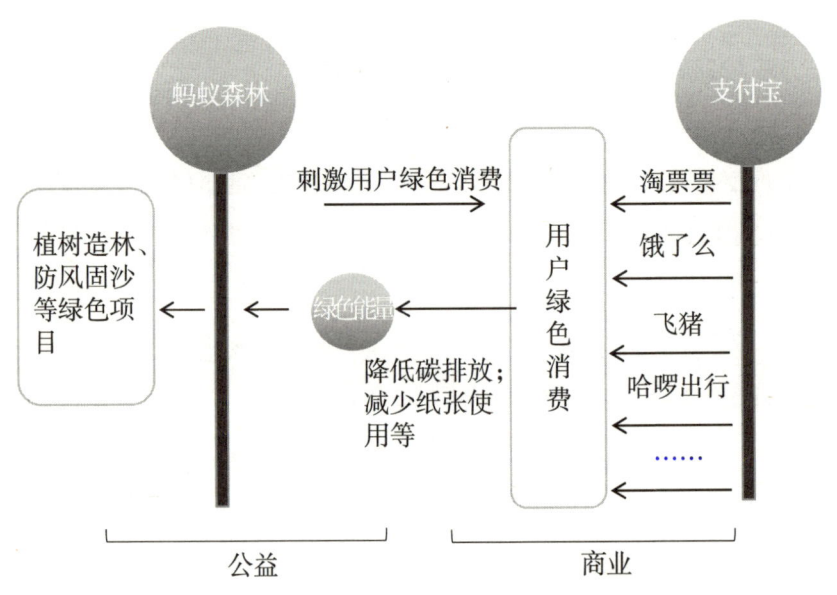

图3-8 蚂蚁森林"商业+绿色公益"模式

"公益的心态,商业的手法"是蚂蚁森林成功创新的关键。在商业上,实行线上的跨界合作,将人们的衣、食、住、行、娱乐等全方位地展现出来,帮助人们获得更加便捷的生活体验。在公益上,通过加强社交属性,让全民参与到一个公益项目之中，开启全民绿色公益的时代。蚂蚁森林创新的成功，说明公益与商业并不是冲突的。

蚂蚁森林是阿里这家大企业对绿色消费的新践行，创新出促进绿色消费的新方向，即"商业+绿色公益"，在发展商业经济的同时，将绿色环保、低碳生活的理念传递给消费者与用户，让他们在潜移默化之中形成绿色消费的习惯。这对其他企业开展绿色消费提供了新思路与新方法。

售卖是消费的前提，只有有了绿色产品，消费者才能进行绿色消费。我们在了解了绿色消费之后，应该反向了解绿色零售。接下来，就让我们进入绿色零售为我们寻找发展绿色经济、培育绿色消费理念的另一可能性。

第4章
绿色零售：未来的新零售

　　绿色零售是零售企业的未来，是推动企业实现绿色发展的重要途径。零售企业可以通过建设绿色供应链，打造绿色市场；也可以通过开设绿色店铺，开展绿色营销，提升自己的绿色市场份额与绿色竞争力，在绿色零售领域，取得发展先机。

4.1 绿色零售的关键：全链条发展，推动上下游共同升级

有人认为，新零售未来的发展趋势是社交新零售，但实则不然，新零售的"新"只体现在运用模式的"新"，当模式不再新之后，就会被更多新生的零售模式取代。

而绿色零售是依托人们对环境质量的需求而建立起来的，不仅是经济发展与运营模式的问题，更是一个社会问题，根基深厚，不会被轻易取代。在未来的很长一段时间，绿色经济将是发展的主旋律。

一、绿色零售是发展绿色经济的关键

我国经济在不断发展，带动人们的消费水平不断提高，这使零售业在我国经济发展中的地位也是"水涨船头高"。

据相关数据显示，社会消费总体中，社会消费中的零售总额在GDP所占的比例呈现上升趋势。在2008年零售总额所占比例只有36%，2017年则已经达到44%，这对经济发展具有十分强大的促进作用。而在如今的绿色经济时代，零售总额的比例依旧在不断攀升。因此，对零售业的绿色化改造是发展绿色经济的重要途径，是拉动经济增长的关键所在。绿色零售将是零售企业在未来发展的必然趋势（见图4-1）。

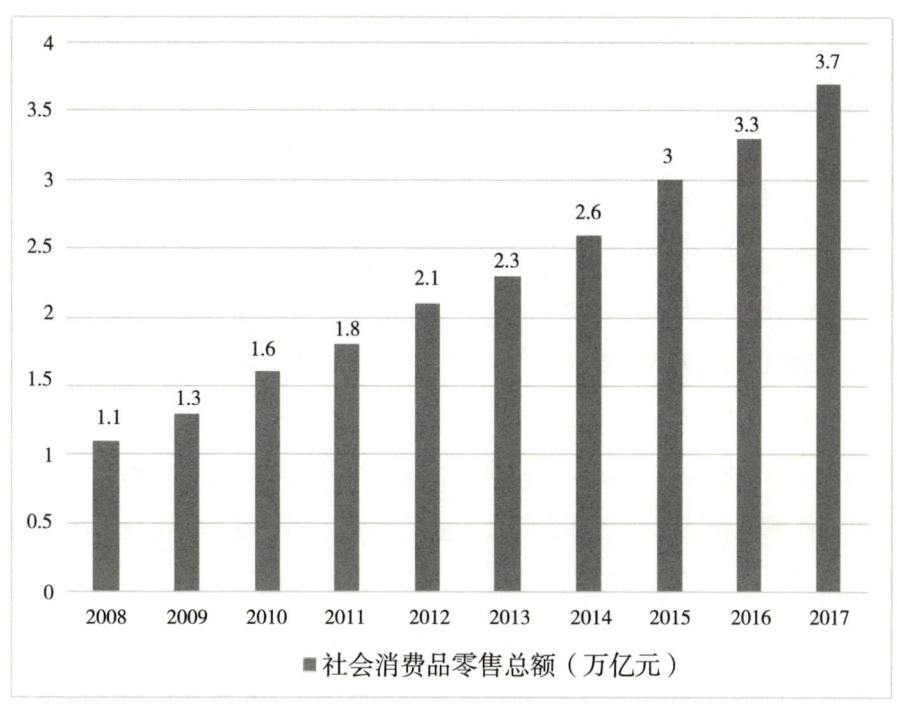

图 4-1 2008—2017 年社会消费品总额数据趋势
（来源：国家统计局）

零售业在市场环节中扮演着特殊角色，承担着特殊责任。在生产环节，零售业是生产制造者与消费者连接的桥梁与纽带，起到沟通与连接的作用。对零售业的绿色化改造不仅是在零售业内部开展升级改造，更是创建绿色制造与绿色消费的驱动力，从而促进零售业的长久发展。

这一特殊角色与责任，使绿色零售需要将生产、制造、销售、消费等各个环节连接起来，构建绿色化的全产业链，在上游供应端与下游消费端实现共同改造与升级。在未来，绿色零售的重点将是在全产业链模式上，打造绿色供应链，开设绿色店铺，进行推广营销，从而引领绿色消费，这是各个零售企业发展绿色零售的重要路径与探索。

二、发展绿色零售的关键

在绿色化产业链向上下游延伸的"全链条发展"，是发展绿色零售探索路径、建立的思维模式根基。换言之，就是从绿色产业链的角度出发，在供应链上实现绿色化改造；在消费者端，培育消费者的绿色消费观念，推动绿色消费的普及与深入人心。

（一）优化供应链，实现绿色化改造

没有供应，就没有消费行为的发生。因此，供应链的绿色化改造需从源头出发，这是发展绿色零售的先决条件。供应链包括原材料采购、生产制造、分销运输等环节，将绿色发展的理念融入各个环节之中，可实现绿色供应链的改造与优化。

在绿色采购层面，可以实行直采模式或者自有品牌基地模式。例如，美国地区的沃尔玛的农蔬水果的采购，都是在其合作的农场中直接采购，是直采模式。再例如，伊利集团拥有自己的牧场喂养奶牛，然后将牛奶进行加工，制成奶制品出售，这就属于自有品牌基地模式。这两种绿色模式的采用，可以保障原材料的健康、安全、绿色，还可以减少采购风险。

在绿色制造上可实行产品追溯制度，通过数字化的设备对产品生产制造的各个环节进行实时监控，追踪产品的制造状态，从而不断发现可优化之处，提升制造效率，减少能耗与污染排放。最终在生产制造上实现绿色化。

在分销运输环节，可以通过建立绿色物流网，将各个分销点与消费者网罗其中。通过合理分配的原则，将仓储环节的作用弱化，实现提效减能的目的。

通过以上三个层面，可实现供应链的绿色化，为发展绿色零售奠定基础。

（二）优化零售模式，打造绿色店铺

绿色店铺是零售企业实现分销的重要渠道，其中包括绿色店铺的设计、绿色店铺的运营管理以及产品的保管。

在店铺设计层面，最重要的就是将节能设施与技术运用到实处。例如，店铺照明可以采用天然光线照明，也可以采用节能灯照明；购买净水设备，提升水资源的利用率等。

在绿色店铺的运营管理上，可以通过建立智能化的能源管理平台或者绿色低碳监控中心，掌握各个环节的能源消耗情况，促进能源利用效率的提高。除

此之外，还可以通过建设返品中心，将店铺销售的产品的废弃物进行回收利用，降低对环境的负面影响。

在产品保管上，可以通过引进相关技术与环保设施，减少产品的浪费。例如，通过大数据、云计算等技术，预估市场需求量，从而生产相应的产品，避免因产能过剩为造成浪费。再例如，水果生鲜等店铺，可以引进先进的冷藏设备，保证产品的新鲜度，从而降低产品折损率。

从以上三个层面出发，打造绿色店铺，在实现产业链中端的绿色化，通过节能减排实现绿色零售的发展。

（三）开展绿色化营销，引导绿色消费

在绿色营销层面，各个零售企业都已经做了初步尝试。例如，定期或不定期地参与、举办环保节能宣传活动；在门店内设置固定的环保宣传栏；设置独立的绿色产品宣传与展示区域等，促进消费者的绿色消费行动。

绿色营销主要包括绿色产品销售与消费过程的绿色化。

在绿色产品销售层面，需要加大绿色产品在销产品中的在销比例，可以通过会员卡、促销、组合折扣等方式引导消费者购买更多的绿色产品，提升绿色产品的销售量；还可以通过开设绿色产品专区，吸引一些消费者前来了解、购买。

在消费过程的绿色化层面，则可以激励消费者使用环保购物袋、向消费者发放绿色消费资料等方式，引导消费者形成绿色消费意识，养成绿色消费习惯。

从绿色供应链到绿色店铺，再到绿色营销，将供给端与消费端连接起来，促进产业链上下游的共同升级，构建出绿色全链条，促使绿色零售的实现。

接下来，我们将从绿色供应链、绿色店铺以及略营销这三个层面去具体分析，为企业发展绿色零售提供思路与具体方法。

4.2 绿色供应链：提升流通效率，节省资源能耗费

当绿色供应链与"分钟级"的仓储配送体系结合后会产生怎样的化学反应？我的朋友张小姐的亲身体验想必能回答这一问题。

张小姐周末想在家里做饭，但因为天气炎热，不愿外出买菜，于是打开盒马生鲜 APP。海鲜、鲜肉、蔬菜到水果、牛奶应有尽有。李小姐挑选出自己最想吃的菜，然后直接在 APP 上下单。之后，张小姐一边在空调房里刷手机，一边等待购买的菜品上门。

不到一个小时，盒马生鲜的快递员就已经将她购买的食材送到了家门口。张小姐发现这些食材都十分新鲜，做出来似乎更加好吃了。

张小姐在家就能订购食材，与饿了么、美团外卖一样十分快捷，而且食材十分新鲜。这使盒马生鲜受到广大消费者的一致好评。

盒马生鲜在运营与流通等环节，建立起来了绿色生产链，通过快速高效的仓储配送体系，减少物流能源消耗成本，扩展经济效益提升的空间，从而获得更多的经济收益。

绿色供应链就是在供应链管理的基础之上，将产品供应商、生产厂、零售企业、消费者全面连接，从而实现原材料加工生产、包装、仓储、运输、使用以及废物回收过程的良性循环，并对环境带来较小的副作用，提高资源效率。

创建绿色产业链是提升流通效率、节省资源能源消耗、降低成本的重要途径。作为零售企业，流通效率的高低与能源的消耗密切相关，流通速度越快，能源消耗越低，成本越低，在一定程度上可增加产品的经济效益。因此，在绿色供应链之中，零售企业为了实现绿色零售，通过认知升级与黑科技加持，重构了物流体系，形成绿色高效的运输体系，不断提升产品流通运输速度。

无本之木、无源之水注定不能长久，产品的绿色流通物流体系的更新换代也是如此。为了避免"速生速朽"的命运，"分钟级"物流体系的出现与迅猛发

展有源可溯，为企业发展绿色产业链提供了坚实的理论基础。

这一体系能够突破物流速度上限，因其建立在一套稳定的哲学与逻辑体系之上，而在周期绿色产业链之中形成了一个稳定的结构。即：打破传统仓储配送的"中心化仓配——下级配送站点——消费者"的模式，采用了去中心化的同城配送模式，在实现即时配送的同时，降低了仓储、运输成本。而以区域中心仓为中心的传统仓储配送模式，花费的时间较长，配送速度较慢。

如今的"分钟级"绿色配送，则去除了中心化的特征，采用了前置仓（门店）模式，通过前置仓（门店）与消费者的直接对接，实现了点对点的同城即时配送。这样绿色仓储配送体系的升级模式缩短了配送的环节与距离，提升了整体配送的效率。例如，盒马生鲜就是点对点"分钟级"配送的示范，实现了即时配送，为消费者提供了高速的配送服务（见图4-2）。

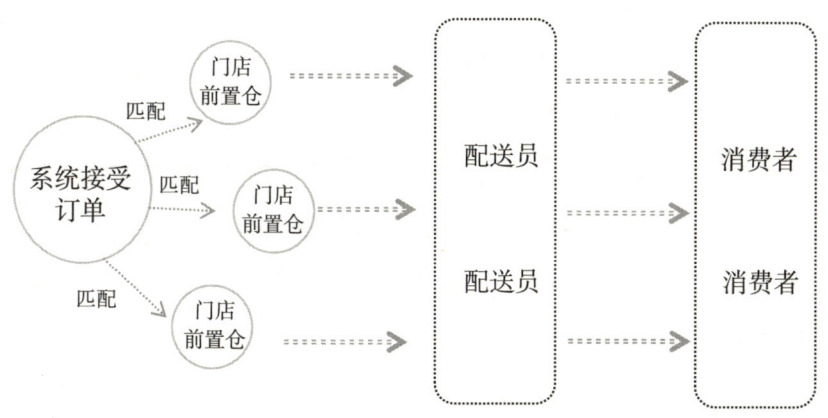

图 4-2　绿色供应链中高效的仓储运输环节

如今，精细化管理成为绿色管理、绿色零售的又一重点，促进了绿色新零售消费升级的新热潮。这要求"分钟级"仓储配送也要与时俱进，顺势而为，将精细化管理融入绿色供应链的管理之中。

在"分钟级"的绿色仓储配送体系中，门店作为前置仓存在，与中心仓的规模无法同日而语。因此，在此种体系之中，仓储管理无法做到"大而全"，就应该转向"小而精"的绿色管理道路。

例如，盒马生鲜从"供应"与"分拣"着手，实现"小而精"。在供应方面，盒马生鲜精选出消费者需求量最大的产品，这可以有效地减缓仓储的压力，避免产品过多而挤压，保证了生鲜产品的质量，避免了产品在仓储过程之中的浪费；在分拣方面，产品到店后不会再次分拣，而是在订单配货的过程中，进行订单拆分，这在极大程度上加速了产品的流通速度，减少运输消耗。

据估算，盒马生鲜与京东的配送成本相差无几，但盒马生鲜减去了仓储与分拣环节，节省了成本，使盒马生鲜的物流成本只有京东的一半。

如今，仓储配送体系与模式升级是各个零售企业发展的大势所向，但这并非易事。例如，在特殊的节日会出现订单暴增的情况，在出行高峰期提交的订单会面临交通拥堵的情况等，这是对门店发货、匹配骑手、产品准时送到的严峻考验。

但大数据、人工智能等黑科技的发展，可以帮助零售企业实现绿色仓储配送体系的升级，实现即时配送，降低上述考验的难度。

仍以盒马生鲜为例，其通过后台系统将订单与最近的骑手匹配，与滴滴打车中的订单匹配的模式相似。随后AI收集该区域内的发货量、快递公司的物流速度、该条运送路线的具体情况，在此基础之上预测配送路线的交通情况，帮助骑手规避交通拥堵路线，从而快速送达。

在此过程中，骑手还可以在上一轮配送接近尾声时，使用语音接单的功能，避免出现需要等待订单的情况。这种方式能够提升骑手的配送效率与履约能力，降低了物流成本，也满足了消费者的即时收货的需求。

如今依托与5G技术与物联网技术的新物流模式成了绿色供应链之中的重要一环，促进了零售企业与零售商将线上与线下的渠道高度融合。这不仅能够让消费者可以根据自身的实际情况，自由选择购物渠道，获得更优质的体验，还能减少物流流通环节中的能源消耗。

曾经，零售企业在物流配送上主要考虑到成本问题，而如今消费者是其考虑的主要对象。在接收到消费者的订单之后，零售企业会将订单发送给距离消费者最近的门店、仓库，直接发货，缩短运送时间，为消费者提供最佳的绿色消费体验。

这就是通过信息技术，搭建绿色供应链信息流，将零售企业与供应商可以在消费者需求、存货生产等方面实现信息共享，从而提升供应链产品的运输和流通效率，节省资源能耗。

除此之外，还可以通过逆向整合供应商，在产品包装设计、仓储、运输等方面达成共识，避免不必要的包装造成资源浪费，并通过供应链技术的创新，推动绿色零售的可持续发展。这是发展绿色零售的重要一环，也是绿色零售企业可以快速提升自身的绿色竞争力的重要途径之一。

4.3 绿色店铺：智能化管理门店，设计行动路线和产品布局

如今我们的生活之中出现了越来越多的绿色店铺、智慧门店，例如 Take Go、周黑鸭无人智慧门店等，为我们的生活带来了极大的便捷之处。

深兰科技的智能零售项目 Take Go 属于阿里旗下。最近，娃哈哈早期创始人宗泽后对外宣布与深兰科技达成战略合作，签下了 10 万台无人商店，预计总金额高达近百亿人民币，并计划在未来十年间扩大到百万台的规模。

当顾客走进 Take Go 无人零售门店并拿起产品时，不管产品是在顾客手上、怀中、口袋还是背包内，系统都能监测与识别，顾客离开商店时会收到对应的账单，并被系统自动扣款。

Take Go 还有人店对话系统，通过定向声源原理和算法，Take Go 零售店还

可以向顾客进行一对一的语音商品推荐，根据顾客之前的购买记录判断出其喜好、偏向，向其推荐类似商品。

Take Go的出现为零售企业发展绿色零售带来了更多的发展机会与机遇。在未来，物联网设备达到预计数量，将会使各个零售企业用途品牌商在降低成本、提升零售效益方面"更上一层楼"，实现产品的高智能化，让"货"跟随消费者的心而动，提升消费者的购物体验。通过更加高效的管理，实现绿色生产、管理、销售的"一条龙"。

当后台数据了解到某一会员消费者的消费倾向后，就可以为这位会员赠送他（她）可能会喜欢的产品样本，增强用户的体验。

当某一热销产品的库存即将告罄之时，会被货架的传感器准确地感知，促进及时补货。而补货的整个过程也会被实时监控，提高了补货的速度与效率。

当人工智能通过对后台数据的分析，发现粉底液与卸妆棉的销量之间存在超高的关联性后，就会自行将粉底液与化妆棉组合摆放，并将这一信息传送给仓储系统，实现同步跟进。

这就是绿色店铺通过技术实现绿色化的产品布局的实践。

万物互联对消费者的生活方式与习惯带来了巨大变化，促进了其绿色消费模式的产生。其智能化、人性化、数字化、高效绿色的服务，将消费者想要的产品准确、及时地送到眼前，与消费者的心理需求化达成一致，可谓是"心有灵犀一点通"。在这方面的佼佼者有许多，Take go无人店就是其中一员。

这些门店通过科技技术的升级与管理模式的变化，降低能源消耗，提升经营效率，从普通零售店铺转向为绿色店铺，将可持续发展融入全面管理与发展过程中，为进入绿色经济时代做好准备。

除此之外，绿色店铺可以通过设计消费者的行动路线，来提升店铺的运营效率。例如，你想在优衣库购买衣服时，可以根据自己的定位去最近的门店试衣服，然后选择产品直接购买；也可以在线下店铺试穿，然后在线上店铺购买，通过快递送回家。

在未来，绿色店铺的行动路线设计将会更加完美。你在逛街时，只需要将自己想要的产品需求输入至自己的终端，通过云计算与大数据，规划最合适的门店，并给出推荐。你在门店之内试装后，可以直接购买，然后交由店铺的运输渠道。

随后你可以继续去逛街，不用手里拿着大包小包。在逛完回家之后，购买的产品刚好送到。这样的消费体验难道你不向往吗？

绿色智能店铺的发展将会让这些消费场景变为现实，通过技术压缩消费过程中的能源消耗，在门店管理、产品布局以及设计行动路线这三个层面上，提升销售效率，最终促进店铺与零售企业的发展。

4.4 绿色营销：激励顾客消费过程绿色化

"我们希望消费者说这真是一个好产品，而不是说这真是一个好广告"，这是京东京造对绿色营销的独特看法。绿色产品是零售企业开展绿色营销应该秉持的原则之一。

绿色营销将营销的重点从话术表现转向到产品本身。纵观文案界，几乎没有产品是仅靠文案包装便能成功获得市场份额的，例如江小白、方太等，都是在自身优质产品的基础之上，通过产品文案突出产品的功效，获得消费者的关注。

文案对于这些产品而言，只不过是打开市场的敲门砖，是锦上添花之处，并非核心。只有文案包装而无真正实力的产品就是一场针对消费者的欺骗。在绿色经济大行其道的今天，有许多伪劣产品，打着环保卫生的旗号，通过文字语言游戏，成功地走进了大众的视野。但这样的伪绿色产品注定无法长远。

绿色营销的第一步就是坚守自身的原则，这是刺激顾客消费过程绿色化的前提，律人先律己，才能让企业自身的绿色理念更易被消费者接受。绿色营销的核心便是研发与生产绿色产品。

海尔就是将绿色营销贯彻到底的企业之一。海尔的绿色营销的源头不在于销售，而在于绿色产品的研发与生产，从而使海尔产品的绿色营销有真正的实力。

例如，采用变频技术的海尔空调，通过有产生健康负离子，预防"空调病"，还可以实现超静运转，减少噪声；在空调的包装设计上，尽量做到精简包装，减少产品使用后产生的废弃物；在空调的安装上，推出"无尘服务"，采用"无尘钻孔"的方式。这些都是为了实现绿色营销而进行的准备工作。

在绿色营销方式上，海尔采用绿色营销组合策略，通过将绿色产品、绿色销售渠道与绿色促销相结合，实现绿色营销。

在绿色产品层面，因产品含有绿色价值，其价格会高于普通产品；在绿色营销渠道层面，海尔会对代理商、批发商与零售商进行评估与筛选，那些信誉优良、社会形象好的渠道商将是优先选择的对象，除此之外，还可以创建绿色产品专柜、创建绿色流通网等。

在促销层面，海尔则是通过绿色产品产销会、以旧换新等方式，提升绿色产品的销售额、扩大市场销售范围。

海尔的绿色营销策略为其他零售企业开展绿色营销做出表率，而如今海尔倡导的低碳产品的解决方案也是绿色营销概念的雏形，这对其他零售企业有较强的借鉴价值与现实意义。

根据海尔的绿色营销策略，我们可以更加明确地理解绿色营销的具体意义。在学术界，对绿色营销概念的解释为：通过营销策略与相关信息，将绿色产品特征告知消费者，并将绿色产品特征与消费者价值产生联系，将绿色产品的功能打造成为能够满足消费者环保与使用需求的"解决方案"。

这一概念很好地将激发消费者过程的绿色化，因为绿色产品本身就是为满足消费者的某种需求而产生的，不论是有意还是无意的消费，都能促进消费者对绿色产品的消费行为。当消费者在购买绿色产品后，感受到不一样的产品服务与体验，将会在今后的消费过程之中，提升对绿色产品的消费频次。这就是消费过程的绿色化。

其他零售企业应该以海尔为榜样，从源头与核心开始开展绿色营销行动，并将企业的绿色发展理念扩展到绿色营销的范围，将一切浪费能源与资源的环节砍去，在绿色策略、绿色产品上实现"硬节能"，在绿色行动上实现"软节能"，从而实现绿色营销。

绿色供应链、绿色店铺、绿色营销构成的绿色零售是未来新零售的必然趋势。零售企业想要在绿色经济时代的竞争之中脱颖而出，就必须将这三个层面落到实处。接下来，让我们一起去了解具有代表性的零售企业是如何开展绿色零售的吧！

4.5 【落地实践 1】星巴克开设绿色店铺，引领绿色零售

每年，星巴克都会向消费者提供 40 亿个一次性纸杯，这其中可能就有你的一杯或者多杯，但你有没有考虑过最后这些纸杯都去了哪里？

也许事情并没有你想的那样简单。你曾经是否注意过星巴克纸杯上下半部分有一句特别的标语？意思为"本纸杯采用 10% 消费后回收纤维制成，不可用微波炉加热"。这是因为纸杯内壁具有聚乙烯（PE）抗水涂层，虽然可回收，但实际并不理想，因为许多废纸厂都不具备处理涂层的技术。垃圾填埋场仍是这

些一次性纸杯的最终归宿，甚至还有一部分纸杯"出口"到了中国。

根据联合国环境规划署提供的数据表明，制造这些一次性纸杯产生的温室气体相当于3万小轿车一年排放量的综合，星巴克销量背后是对地球的慢性谋杀。这使星巴克遭受了专业的环保主义者的示威。从星巴克的环保公关危机可见，星巴克的环保绿色零售继续开启。

星巴克根据自身的实际情况，设计了自身的绿色零售之路，形成了独特的"绿色哲学"。并以此为基础，制定了相关的绿色零售目标（见图4-3）。

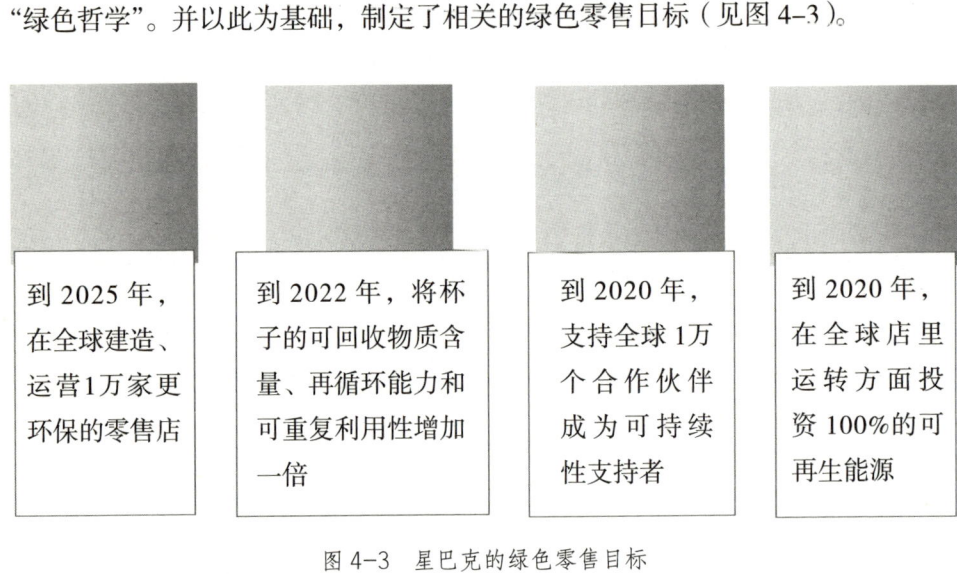

图4-3　星巴克的绿色零售目标

星巴克在制定相关目标之后，也进行了相关的实践，确保绿色零售的顺利实行。

一、开设环保店面

据相关数据显示，星巴克已经开设了具备LEED®（能源与环境设计领导者）的门店1200家，分布在20个国家，占据全球LEED®认证的零售项目的20%，在咖啡行业，星巴克是开设绿色门店最多的零售企业。

星巴克绿色零售的实践并未停止，而是继续通过制订店面认证计划，来加强自身的绿色零售竞争力，提高店面的创新性、店面发展的可持续性以及店面运营的效率。除此之外，星巴克还会针对店面评估，制定相关标准，创建实用性的效率目标，寻找合作伙伴项目。这使星巴克成为真正能够利用自身规模，成长为全球数一数二的环保零售企业，并为其他零售企业实现绿色零售提供相关的思路与启示。

二、创新环保包装

星巴克在环保纸杯的创新与研发上，已经取得了阶段性的成果。据《英中时报》转引的消息显示，星巴克已经成功实验英国的可回收的一次性纸杯。

从20世纪90年代开始，星巴克就已经开展了其环保纸杯计划，并进行了多种尝试。例如，通过制造含有60%再生纸的瓦楞纸杯套，成功减少了用双杯隔热情况的出现频次；消费者自带杯子可以获得0.1美元的折扣等。因制作材料都含有天然可回收的成分，可以使食物、咖啡可以直接与纸质包装接触，真正达到健康与环保的双重功效。

星巴克在中国也推出了自带杯抵扣两元的计划，这极大地减少了星巴克一次性纸杯的使用。目前，用再生纸制成的星巴克包装已经开始运用到各个部门中，其售卖的中秋月饼的包装材料也是采用可循环纤维材料而制成的。这都是星巴克为达成绿色环保包装目标的有效践行。

虽然星巴克在环保包装层面已经取得不少成果，但前路依旧漫长。例如，10%的环保纤维的使用，仍然存在难回收、难处理的问题，这需要星巴克在绿色环保杯制成材料的层面进行创新性的开发，在回收环保基础设施的建设方面加大力度。

英国每年都会处理超过25亿个咖啡杯，这些咖啡杯首尾相连可绕地球5.5圈，而制作这些咖啡杯需要10万多棵树。于是"纸杯宣言"在包装行业与主要咖啡零售的联名之下应运而生，目的在于提升纸杯的循环利用效率。绿色环保咖啡杯运动真实拉开了序幕。

星巴克致力咖啡杯制作材料的创新，至少在现有基础之上，将热饮纸杯之中的可回收物质含量提升一倍，并不断寻找冷饮杯的替换材料；加强纸杯的回收利用，增加一倍具有回收功能的店铺与社区数量；在各个门店鼓励消费者自带杯子……

星巴克对环保纸杯的追求，可以让消费者在使用之后，不用担心对环境造成破坏，让消费者用得舒心与安心。

三、寻找环保的合作伙伴

星巴克专注于激励那些对绿色可持续发展工作充满向往与激情的合作伙伴或者员工，通过传授他们知识，激发他们的灵感，最终促进环保绿色工作的顺利开展。

在 2016 年，星巴克中的零售部门与非零售部门尝试合作，并试行了 Greener Apron™ 计划。这一计划完全是本着自愿的原则，让合作伙伴与员工通过培训、学习，加深对环境保护与可持续性发展的了解程度。

在计划试行时，共有 1100 多个合作伙伴与员工自愿参与进来。为了寻求更多的环保合作伙伴，星巴克将会扩大计划范围。计划在 2020 年，实现让全球范围内的 10000 合作伙伴能够参与到计划之中，最终打造一个可持续发展的人才网络链条。

四、节约资源，提升资源利用率

资源是一个企业赖以生存与发展的基础，星巴克早已认识到资源的重要性。早在 2005 年，星巴克就投资了可再生资源，如今已经取得了里程碑式成就。

（一）投资更环保的电力

在电力资源上，星巴克是第一大可再生电力采购商。通过与美国、加拿大的可再生能源信贷（REC），以及欧洲的绿色电力供应合约，采购了庞大的电力资源。

除此之外，星巴克还成了 RE100 中的一员，共同致力于使用可再生的电力资源。星巴克不仅在采用新方式采购可再生资源，还会凭借自身的优势将这些项目推广到全世界，促进环保节能事业的发展。

（二）水资源的节约与利用

除了电力资源，水资源也是星巴克的重点节约对象。水不仅是星巴克饮品的主要成分，也是门店运营不可少的资源之一。曾经，星巴克直接用洗漱池水龙头冲洗奶勺，在客流量大时，还会加大水量冲洗，且在营业时间内水龙头一般不关，这样一天下来耗费的水资源甚巨，仅北京市的 50 个多个门店就需用水近百吨。

察觉到这种洗奶勺的方式太过浪费水资源，于是星巴克于 2008 年在中国门店内推行"单次使用奶勺"的方案实验。这一方案旨在放弃长流水洗奶勺的方式，节约水资源。2011 年，星巴克开始将全新的水过滤系统运用到门店之中，减少了 50% 的废水，拉高了水资源的利用率。

星巴克开设的绿色店铺，引领咖啡饮品零售企业发展绿色零售，将环保节能减排的理念，融入到自身的日常经营与管理过程中，在提升资源利用率的同时，为全球的环保事业做出一份贡献。

4.6 【落地实践 2】欧莱雅中国携手阿里巴巴推出"绿色新零售"

"兰蔻小黑瓶 VS 欧莱雅小黑瓶，你是否花了冤枉钱？"

这是欧莱雅小黑瓶自问世以来，就一直占据热榜的话题之一。这两款产品虽然同宗同源，但综合来看欧莱雅小黑瓶较兰蔻小黑瓶性价比更高。不仅是小红书上有许多用户疯狂"种草"，还有许多微博大 V 广泛推荐。直到今天，欧莱雅小黑瓶依旧没有淡出人们的视线。还会有人时不时地发帖求问："欧莱雅小黑瓶好不好用？"

欧莱雅作为化妆品研发、生产、零售为一体的企业，不仅致力于将产品做到极致，赢得了广泛好评，在环保层面也耗力甚重，致力于推动绿色零售在全球范围内的推广与开展。

2018年6月25日，法国总理爱德华·菲利普访华，这是中法外交上的重大事件。在中国总理李克强与法国总理爱德华·菲利普的共同见证下，欧莱雅中国首席执行官斯铂涵与阿里巴巴集团天猫总裁靖捷，就"绿色新零售"项目在人民大会堂签署了意向书。该意向书的签署主要是为了减少物流对环境造成的负面影响，推动更多绿色环保包装材料在物流环节中的运用。

欧莱雅将会在物流环节中全面使用由FSC（森林管理委员会）认证可持续纸张制成的包装快递盒，减轻对森林的破坏；在快递盒的设计上采用拉链式或者纸质封箱带，以减少封箱胶带的使用；在快递盒的填充物上，也将会使用可降解的材料等。这些措施将会减少污染、减轻对环境的破坏。

2019年，在法国总统马克龙访华期间，欧莱雅与苏州工业园区管理委员会就"绿色生产"签订了意向书，在绿色生产上达成全面合作。欧莱雅对此信心十足，并承诺该项目将会实现100%的快递盒回收率，减少一次性塑料材料的出场机会。

实际上，欧莱雅作为全球最大的化妆品集团之一，早在2013年就已在整个价值链的研发、生产、消费、企业发展的四大领域中制定了相当清晰的指标，旨在促进企业的绿色可持续发展，完成自身"美丽，与众共享"的承诺。

至此之后，欧莱雅在中国开启了可持续发展之路。在研发与生产环节，研发可再生原材料，提升资源的利用率，并通过改良包装，减少对环境的污染与资源的浪费；在消费层面，欧莱雅通过投身于保护环境的事业，向广大消费者传递出绿色概念；在企业发展层面，制定可持续发展战略，并始终将绿色可持续放在发展的核心战略地位。

欧莱雅中国首席执行官斯铂涵先生表示，欧莱雅进入中国21年，在不断开放、活跃的市场环境中，已经渐渐成为中国化妆品市场之中最知名的法国企业之一，这是与中国同呼吸、共命运的结果。作为化妆品零售领域的巨头之一，欧莱雅理应将绿色可持续的发展理念推广至全领域范围之内，共同促进行业的绿色零售与可持续发展。与阿里巴巴合作，也是为了用实际行动引领绿色零售，共同促进魅力中国的建设。

不仅是欧莱雅，许多企业都已经意识到绿色发展、绿色零售已经成为未来发展的必然趋势，是积极响应中国梦建设的重要途径。欧莱雅在"绿色青山就是金山银山"的号召下，将"让所有人拥有美"视为自己发展的使命，不断满足消费者对美丽的需求。

欧莱雅致力于美丽使命的历史已经超过一百年，旗下拥有34个多元化的国际品牌。在2017年，欧莱雅共有8.26万名员工，在全球范围内创造的销售额总量已经达到了260.2亿欧元。这样的成就取决于欧莱雅对绿色事业发展的重视与具体实践。

除此之外，欧莱雅的销售渠道实现了全覆盖、全渠道，在大众市场、百货公司、药妆店、药店、美容沙龙、零售企业、微商、电商平台等，都会出现欧莱雅的身影。渠道的广范围与全覆盖，为欧莱雅推广绿色项目提供了便捷之处。在研发创新层面，欧莱雅专门设置了一支3885人的研发队伍与创新团队，以满足全球各地消费的需求为宗旨。

欧莱雅自从1997年进入中国市场，经过20多年的洗礼，发展至今，在中国已有22个品牌、5个办事处、5个分销中心、2家工厂、1个研发与创新中心、1个培训中心，欧莱雅中国已经成为欧莱雅集团的第二大市场。

由此可见，欧莱雅将可持续性发展融入整个价值链上，并设置了较为清晰的目标与发展路径。欧莱雅在中国的发展，是对可持续绿色发展的实践过程，是其他零售企业可以借鉴参考的对象。

4.7 【落地实践3】苏宁设计绿色快递盒,引领绿色零售

办公室的同事李小姐收到了在苏宁易购上购买的一箱小零食,但这次的收货过程却与平时大相径庭。李小姐发现,本次的快递盒没有胶带,掰开封箱扣就能打开。而且快递小哥在李小姐将零食拿出来后,直接将快递盒回收。

李小姐说,平时收到的快递,都会用胶带"五花大绑",拆起来十分费劲儿,而且浪费胶布。今天她第一次见到不用胶带封口的快递,拆快递就像拉开可乐易拉罐一样,十分快捷。

李小姐收到的无胶快递盒是苏宁研发半年的产物,在普通快递纸箱上做出较多升级。无胶的设计,包装盒更为美观,打开更加便捷;牢固的一次性环保封箱扣设,在最大程度上保障了产品的隐私与安全。

除此之外,快递员直接回收快递盒,可以进行循环利用。苏宁无胶快递盒的制作材质不易裂开,在正常情况下,最低可循环利用5次,其单价至少比普通纸箱快递盒低出15%。苏宁每投入使用20万个无胶快递盒,每年至少可以节约上亿个纸箱。

苏宁无胶快递盒的使用,不仅可以提升消费者的开箱体验,还能减少浪费,真正做到零污染、零破坏、高利用率。

苏宁作为电商平台,是产品零售的重要渠道,其无胶快递盒的使用,保障了绿色零售从生产端到消费端的环保性,这其实并不是苏宁发展绿色零售的唯一行动。在2018年,苏宁为了推动全球零售企业的产品设计的绿色化、促进绿色消费升级,与工业和信息化部门达成合作共识,并开办了"2018年绿色(生态)设计产品苏宁全球首发会"。苏宁的各方面的绿色环保表现获得了工业和信息化部的认可与赞赏,随后苏宁零售集团公共事务部副总裁丁静,就绿色经济与绿色零售的发展这一主题,推出了"苏宁绿色(生态)设计产品全球推广计

划"。该计划的目标是：在工业和信息化部节能司的支持下，以绿色设计理念为核心，产品渠道运输到消费端的闭环生态系统。苏宁的产品设计绿色化，主要体现在以下两个方面。

一方面，苏宁携手一线知名品牌厂商，共同推出绿色（生态）设计产品的补贴优惠政策，并在不同的时间段进行品牌大促销。承接品牌厂商线上与线下的营销活动，打造绿色设计产品标签。

例如，三星、安吉尔、纳爱斯等著名品牌厂商都与苏宁达成合作。在与三星的合作中，主要以线上线下渠道的合作为主，共同为消费者打造升级的体验，推动家电领域的可持续发展；与安吉尔围绕开发绿色产品进行合作，将绿色产品送进千万家；与纳爱斯合作，将绿色零售的理念贯彻到底，通过生产售卖绿色产品，为消费体提供更加优质的绿色产品与服务。

另一方面，苏宁推出各种活动与方式，通过多层次、全方位地推广绿色产品设计理念，获得工信部的支持。例如，在线预约以旧换新活动、月度专场推广活动、绿色产品下乡扶贫活动、补助津贴等，全面推广绿色设计产品计划。

从以上两个方面苏宁将绿色设计产品的理念传递下去，将绿色打造成为苏宁自身发展的底色。苏宁零售集团副总裁范志军认为，绿色产品、绿色包装、绿色服务是零售企业转型升级的必然要求与不可回避的趋势。

作为智慧零售的领风者，苏宁将绿色产品与服务的理念贯彻到底，不断推广绿色技术、绿色制造与绿色产品，实现为消费者提供健康绿色产品的目的。苏宁的绿色产品设计计划打通了政府、企业、厂商三方的沟通要道，促进三方实现深度合作，共同为绿色零售业的未来贡献了一分力量。

据统计，工业和信息化部已经制定了绿色（生态）设计产品评价标准43项，根据这些标准发布了两批绿色（生态）设计产品名单，总共包含246中。而名单中的113种都在苏宁平台操作，占总体的46%。毫无疑问，苏宁拿下中国绿色电商企业的魁首。

除此之外，苏宁在倡导绿色消费层面也进行了相关行动，例如，苏宁与钟南山院士携手，与美的、海尔等家电零售领域的巨头企业达成合作，以推广绿色空调产品为主，开展"净肺工程"。这一绿色项目总共投入了 20 亿元的补贴资金，造福全球范围的 500 万个家庭。这不仅为消费者带来福音，还在一定程度上促进了自身发展的"更上一层楼"。

在绿色经济时代的浪潮下，苏宁深入践行绿色零售行动，开展绿色产品设计，传递绿色消费理念，是在主动地承担起自身的社会责任与义务。绿色产品的设计是绿色零售行业发展的新蓝海，其他零售企业应该在苏宁的引领之下，深入绿色发展，追求环境效益、经济效益与社会效益的"三效合一"。

绿色物流是与绿色零售相承接的环节，只有继续将绿色发展理念向下传递到绿色物流环节，才能促进绿色经济的正常开展。

第 5 章
绿色物流：在有人与无人之间协同运作

绿色物流与大数据、云计算、人工智能的结合，能将更多人力从物流环节中解放出来，减少了绿色仓储、绿色包装、绿色运输等各个物流环节的能源消耗，提升了物流运输效率。技术驱动下的绿色物流，实现了智能化发展。

5.1 绿色物流 VS 传统物流：传统物流一年消耗 147 亿个塑料袋

你在网上购买产品，能够在一至两天就收到产品，这就是物流在发挥巨大的作用。但随着物流行业的迅速发展与人们网购需求、网购行为的增多，对包装、仓储、运输等物流环节的资源消耗量与浪费量与日俱增，为环境带来了较大的压力。

据相关数据显示，2016 年仅在物流包装这一环节资源消耗量就十分巨大。例如，塑料袋的消耗量达到 147 亿个，快递运单的消耗量达到 103 亿张，编织袋消耗 34 亿个，封套消耗 32 亿个，包装箱消耗 86 亿个，封装胶带消耗 3.3 亿卷。其产生的废弃物与垃圾更是数不胜数。

这就是传统物流模式下的各类资源的使用情况，在整体上呈现低利用率、高污染、高损耗、高耗能的状态。

传统物流在仓储上，仓库选址往往不能尽如人意，会有因选址不当的情况出现，造成物流运输成本的增加与运输距离的增加；在包装上，过度包装的情况也屡见不鲜，难降解的包装不仅造成资源浪费，也带来了环境污染，不利于包装废弃物的回收；在运输过程中，会因为路线规划的不合理、运输工具的不合理，造成产品的损耗率上升，能耗与废气排放量的增加。

由此可见，利用技术与模式的创新，对物流环节进行优化与改造，提升资源的利用率，减少污染，发展绿色物流是必然趋势。绿色物流是传统物流的创新与升级，从仓储、包装、运输、回收各个环节入手，研发新技术，提升各个环节的资源利用，降低能耗，实现绿色化。

例如，各个物流企业依托自动化技术开展的绿色物流，相较于传统物流，实现了高效节能促环保的目标，是绿色物流的有效践行。

申通在发展绿色物流的过程中，将100套自动化的分拣设备运用到新建仓库与改扩仓库之中，并使用了智能分拣机器人——"小黄人"。目前，小黄人已经在郑州、天津、临沂等地得到推广，极大地提升了分拣效率，降低了分拣环节的能源消耗。

圆通在杭州运转中心投入了将近40套自动化设备、350台机器人，每天可分拣包裹超过50万个，每小时能分拣2.1万订单产品，分拣效率得到了极大的提高。

邦德快递则是将AGV自动分拣系统"蓝精灵"引入分拣环节，目前已经正式在扬州、上海使用。该分拣系统每小时能够分拣10000个包裹，效率极高。

以上这些物流企业都开始制订更加具体的绿色物流计划，不仅是分拣环节，其他各个环节也开始转向绿色化。

在绿色仓储层面，实现信息化、智能化管理，通过人工智能等技术，优化仓储选址，提升管理效率；在绿色包装上，改造包装材料，使用易降解或者可循环利用的材料，通过智能化包装提升包装盒的空间利用率，从而减少资源的浪费；在绿色运输层面，优化运输路线，采用环保的运输工具，减少污染与运输成本；在回收层面，发展逆向物流，推行回收计划，实现可循环发展。

高效是绿色物流的重要标志之一，相较于传统物流，绿色物流将高效发挥到了极致。在如今，高效的绿色物流体系，不再是一个缓慢运行的古老机器，而是由大型集装箱、大小仓库、自动化传送带、无人配送机器人构建起来的精密的物流网络。在各个环节通过数据的收集与估算，实现资源的合理配置，从而实现绿色化。

在绿色物流这张网络中，囊括了横空出世的淘宝，风靡全国的美团、饿了么，甚至还有成百上千万的快递员等。构成绿色物流网的每一个组成部分，都在疯狂且快速地运转，货物送达由三天交付，慢慢缩减到次日达，甚至一日达。物流承诺由1小时缩短到30分钟。

绿色物流是电商的"风向标"。随着竞争的不断加剧，物流的时间标准也有了变化，这是绿色物流实现高效的重要举措之一。

从"外地物流2、3天至1周送达"的标准，演变到"211模式"标准，即用户在上午11点以前提交订单可当日送达，晚上11点后提交的订单，承诺在次日15点前送达。外地物流送达的计量单位从"周"转变到"天"。而同城"最后一公里"的配送速度已经达到了"小时级"。

快，还能再快些！

目前，缩短到以"分钟"为单位的"特快级"已经成为零售企业和商家竞逐的新常态。

2018年7月，美团以闪购业务赢得"快"。用户在购买生鲜果蔬、鲜花绿植等产品时，都可以通过美团闪购，享受30分钟上门送达、全天候无间断配送服务。在家不想出门怎么办？打开美团外卖，选择闪购服务，下单支付，只需30分钟就可收到所购产品。

据美团数据显示，美团外卖有53万骑手，为2500个县市提供闪购服务。这样规模庞大的外卖配送体系，使美团外卖能够在外卖行业中一直保持其龙头地位。

菜鸟与阿里健康也不甘示弱，2018年8月，两者先后宣布：将先在杭州推行送药上门的服务，承诺白天30分钟内、晚上1小时内送药上门，这使杭州成为全国首个提供全覆盖、全天候、分钟级的送药服务的城市。据数据显示，用时最短的送药服务仅用10分钟，可谓是神速。

除此之外，达达与京东联手推出了35分钟送达业务；盒马生鲜承诺周围3公里范围内订单可以在30分钟内完成；易果、每日优鲜也紧跟潮流，纷纷加推出了"分钟级"的配送服务。

为了解决"最后一公里"的难题，形成了包含智能快递柜、代收点等的定点模式，还有动态的、不定点的"行走模式"。传统的物流配送就是"行走模式"中的一种，除此之外，具有革命性意义的快递众包也是该模式中的一种。

一般而言，不同平台的绿色"行走模式"的物流配送方式的侧重点不同。例如，"达达—京东"的重点在于生鲜快消等生活类产品的配送；人人快递、闪送、UU跑腿主打同城及时配送服务；美团、饿了么以配送到家为主要业务；菜鸟裹裹的"最后一公里"末端配送是其优势业务……

传统的物流快递的目的仅仅是为了送达货物，只注重末端站点，而没有考虑到各个环节的资源消耗与利用情况。

而如今的绿色物流配送更加注重起始端（零售企业与零售商）与末端（用户）的连接，在及时送达的同时，也减少了产品的损耗率，实现了运输过程的绿色化。

这种端对端的绿色物流配送，已经成为实现绿色物流O2O（线上到线下）的重要部分，使线上与线下的融合能够促成更高流量与最优服务的产生，提升物流效率。

除此之外，传统物流的模式较为简单，只是按照物流的终点进行分拣工作，然后再分发给下一层的物流系统，自上而下，通过一层一层的分拣中心，才能将产品送到顾客手中，因此很难满足某些企业的配送需求。

而新一代的绿色物流模式之中的众包模式，使供应端在接收到订单之后，会搜索距离用户最近的供应站，进行配送，极大地缩短了快递配送的时间，减少顾客等待时间，在溢价中收获价值。这不仅提升了物流的效率，还减少了仓储运输的能源消耗。

相比于传统物流，绿色物流的速度更快、效率更高，且对资源的利用率更高，对环境更加友好。接下来，我们将从更加具体的层面去了解绿色物流，从而为其他企业提供发展绿色物流的新思路。

5.2 绿色仓储：人工智能优化仓储选址布局

大部分人几乎都有过点外卖的经历，大家可以发现，在传统的外卖模式中，都是消费者在 APP 上下单，外卖商家接单后，由送餐骑手到商家取单，然后送达消费者。

在传统外卖模式中，送餐骑手取餐时，极有可能遇到排队等位的情况。在30 分钟必达的倒计时下，送餐骑手往往是等得心急如焚，为了在规定时间内送达，不得不在送餐路上分秒必争，安全隐患可想而知。同样，对于消费者而言，外卖骑手在商家等位的时间，无疑是延长了用餐时间。在快节奏的生活环境中，这种等待是难以忍受的。

有没有一种办法能够缩短甚至消除骑手在商家的等位时间呢？

解决这一问题的有效方法之一就是发展绿色仓储，开设前置仓与社区仓，实现仓储运营与管理的智能化、绿色化。

绿色仓储的落地实践包括仓库、物流园的建设与仓储管理的绿色化两个方面。其中仓库、物流园的建设包含仓库选址、库区规划、节能环保、减少排放等具体层面；而仓储管理的绿色化则是通过技术对产品进行电子化、信息化、智能化的管理。通过这两个方面统筹仓储管理，优化资源的配置，从而达到环保节能的目的。

在仓库、物流园的建设中，使用绿色环保物流设备是实现绿色仓储的基础，也是绿色物流的突破口。在大仓库、物流园中，那些对人体危害小、对环境负面影响较小且效率高的智能化物流设备开始逐渐兴起，并取得了较好的数据收益。例如，清洁燃料的使用、自动仓储机器人的运用、电力驱动的运输车等。

这些技术的创新，为绿色物流设备的研发、使用创造了基础，也促进了企业、公众环保理念的深入，使传统物流仓储模式得到了创新，提升了物流的整体效益。在物流中心，这些智能化、绿色化设备的使用，减少了产品入库、拣选、装卸、出库等仓储环节的损耗，减少了资源的浪费，避免了对环境造成更大的环境污染。

除此之外，智能仓储还可以通过大数据、人工智能等技术优化仓储配送流程，减少无效仓储与运输过程，再加上机械化、自动化设备的合理使用，确保绿色物流正常运行。其中，前置仓与社区仓的设立就是绿色智能仓储的重要实践。

所谓前置仓，其实就是仓库前置，在离消费者更近的地方建立仓库。比如仓库可以设在写字楼或者社区附近，当消费者有需要时，配送人员就可以在第一时间将商品送达给消费者。

例如，苏宁小店的前置仓可以解决其覆盖半径范围内的所有苏宁小店的订单配送问题，同时还可以加快苏宁小店间商品的流转。

传统模式下的配送，需要快递员对接每一笔订单，挨家挨户地拿取商品，打包配送，然后再配送到对应的消费者手中，非常忙碌，时效性很差，无法保证送达的时间。

前置仓模式下，覆盖半径范围内的所有订单已经预先分类整理，然后选择对应商品打包发货，快递员只需要面对一个前置仓，就能获得区域内的所有配送订单商品，直接配送，当然能有更高的时效性。

同时，前置仓还有了仓店协同的功能。传统模式下，门店补货都需要提前申请，次日送达，有时候补货量大还需要好几天。现在，这种困扰不会出现了，前置仓会根据大数据平台发布的信息及时备货。而且为仓储补货，可以加快苏宁小店的商品流转，满足小店的即时需求，提升了实体门店的运营效率。

前置仓减少了无效的搬运工作，避免了这些搬运过程中产品的消耗，加快了物流流转速度，通过效率是提高，减少仓储各个环节的能源消耗，达到环保目的。

同样提高绿色物流效率的还有店即仓，也称为社区仓。社区仓以社区超市仓储中心为核心，以周围一定范围内的社区业主为服务对象，通过"线上+线下＋即时配送"的模式，为社区提供服务。

其实，前置仓就是将仓库安放在消费者触手可及的地方，社区仓就是将仓库安放在社区。两者都是合理选择仓储位置，减少不必要的运输过程，从而实现绿色物流的措施。企业可以根据自己的营业范围、所在区域等实情，设置前置仓、社区仓，促进自身的绿色发展。

绿色仓储是实现绿色物流的基础之一，而发展绿色物流的基础之二则是绿色包装。接下来，就让我们去探索绿色包装的奥秘吧！

5.3 绿色包装：改造包装材料，智能化包装

你在收取快递时，是否发现这样一个现象？快递包装盒的胶带量明显变少了，而且封包胶带的也变得更为狭窄。

出现这一现象的原因在于随着电商的快速发展、人们环保意识正在加强，电商物流包装的绿色化也逐渐成为人们关注的焦点之一。实现包装材料的减量化，是减少材料浪费、提升资源利用率的重要途径。

电商的物流包装是开展绿色物流的重要一环，如今推行绿色包装，开展绿色物流，已经成为各个企业实现绿色发展的重要举措。

绿色包装不仅是电商一家的话题，而是各行各业应该思考的问题，也是产业链上各个企业应该思考的问题。要解决绿色包装问题，需要供应链上下游的合作，使品牌商、物流企业、包装材料供应商、消费者在绿色包装问题上达成一致，从而使产品在生产、打包、入库、出库等各个环节都实现包装的绿色化。

依照这一思路，企业开展绿色包装行动可以从以下两个方面进行，即包装耗材的减量化，环保包装材料取代原来的材料。但在具体行动中，"如何检测和

界定绿色包装,如何让绿色、环保、经济的包装解决方案得以推广和应用",依旧是一个需要思考的问题,这一问题为企业从产业和供应链的角度出发,全面推动绿色包装的普及和发展提出了不小的挑战。

应对这一挑战,政策是支撑的动力来源。绿色包装不仅是行业问题,也是综合性的社会问题,需要在政府政策的引导下,企业才能开展有效的具体实践。

《全国电子商务物流发展专项规划(2016—2020年)》《关于加快我国包装产业转型发展的指导意见》《关于协同推进快业递绿色包装工作的指导意见》等都是政府针对绿色包装问题,从信息技术、包装材料、印刷工艺、回收利用技术等方面,为企业提供的切实可行的政策建议。

绿色包装主要包含包装设备、包装方法、包装材料、包装的可回收性等层面的绿色化。其中,充填、装箱、裹包、封口、捆扎、贴标、干燥、除菌杀菌、防震、集合包装等,都属于包装方法与包装设备。这一层面的绿色化主要是向减量化发展,通过减少包装材料,合理配置资源,实现绿色包装。

目前,电商包裹的数量呈现疯长趋势,每年的物流包裹可超过500亿件,为了避免运输过程中的野蛮分拣、配送,对产品造成损害,对一件小产品也会进行层层包裹,放置较多填充物,特别是一些玻璃制品。

这样的包裹方式造成了包装材料的浪费。而且这些包装材料,如胶带、塑料袋、泡沫填充物等材料,都无法循环利用,有些材料在高温等环境中还会产生一定的毒性,不利于包装人员与仓储人员的健康。这些无法回收的材料,最终会通过填埋或者焚烧,对土地资源与空气造成大量污染,这已经成为一个严重的社会问题。

而包装材料的绿色化措施主要包括采用清洁、可回收材料。目前,包裹包装材料主要包括热缩塑料袋、卷缠泡沫带、皮带、标签、胶带、面单等。例如,电子面单已经在多家生产企业与物流企业开始采用,大量节省了纸质面单的使用量。再例如,用牛皮胶带替换传统的一次性胶带,实现资源的可回收利用。

包装减量化与绿色环保材料的使用提升了包装环节的绿色化水平,但进行绿色包装不仅与包装环节挂钩，也与产品的仓储、分拣、加工、运输等环节密切相关。这些环节中的拆箱、分拣、二次包装都与绿色包装有关。

针对末端的绿色包装问题，各个企业都通过智能化的技术与手段，在末端环节避免过度包装、重复包装的问题。

例如，菜鸟网络通过智能打包算法，实现根据产品的尺寸、重量等信息，匹配最合适的包装箱型与定制包装，并通过优化产品在包装盒与运输车的排放方式，提升空间的利用率，减少包装的使用。菜鸟网络的智能包装算法至少能够节省 15% 的包装耗材。

再例如，京东创建的包装实验室，通过自主研发并推广易降解、可回收的包装材料，实现生产端到末端包装的绿色化。

当智能化技术与绿色包装结合时，可以将包装减量化与包装材料的环保化贯彻到底，提升绿色化水平。京东与菜鸟网络在绿色包装的实践，为其他企业实现智能化的绿色包装提供了经验，带动了全行业绿色包装技术的发展。

改造包装材料，实现智能包装将是企业在实现绿色、可持续发展目的的手段之一。除了绿色包装，绿色运输也是企业绿色发展的必要环节。接下来，就让我们一起去探索绿色运输的具体举措吧！

5.4 绿色运输：优化运输路线，降低空载率

近日，京东对快递员的五险一金与底薪制度进行了调整，一度成为热门话题之一。而实行这一措施的原因令人十分无奈：京东物流在 2018 年亏损 23 亿元。京东在自主研发智慧供应链、智能物流、无人货运飞机等项目中，投入了大量资金，仅在 2018 年京东的绿色申请量就已经达到 3407 件。

第 5 章 绿色物流：在有人与无人之间协同运作

虽然京东对绿色物流的研发，暂时降低了经济效益，但从全局来看，京东的科研成果，推动了电商领域的绿色化发展进程。例如，无人车运输技术，提升了运输速度与效率，减少了运输过程的碳排放量，实现了环境友好、节能减排的目标。

不仅是京东致力于研发绿色运输的智能化与绿色化技术，阿里巴巴、江苏天奇物流、中国神华、国家电网公司、珠海格力电器、湖北中烟工业、天津瀛德科技等企业都在绿色物流领域研发绿色物流新技术，构建自身的绿色物流体系，实现绿色发展（见图 5-1）。

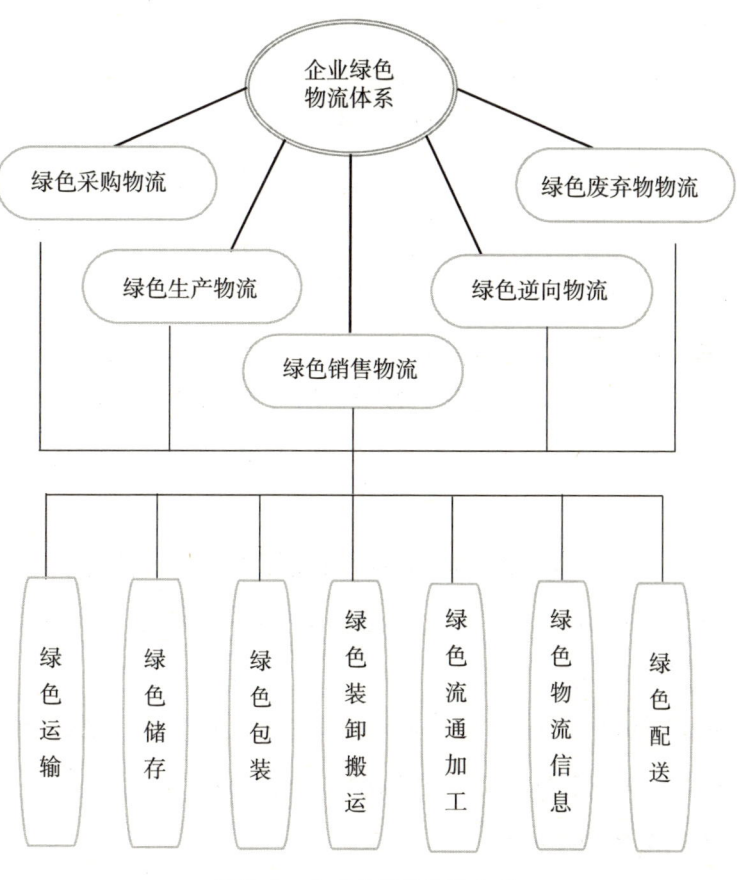

图 5-1 企业的绿色物流体系

以上是企业发展绿色物流需建立的规范化、系统化的体系，其中绿色运输处于物流环节的首要位置，绿色运输是绿色物流的核心所在。

企业大力发展绿色运输的突破口在于绿色配送模式与绿色运输装备这两个方向。

一、运输模式的绿色化

通过优化车辆装载，提高车辆空间的利用率，从而在保证业务量的基础上，通过减少配送次数，实现节能减排的目的。这一运输模式的绿色创新就是共同配送与运输。

共同配送就是以物流大数据平台为依靠，实现统仓统配、集货共配、循环取货共配、智慧共配等绿色配送。

与循环取货共配为例，"循环取货"就是一辆运输车在一定的范围内，通过大数据、云计算等技术规划出最优路线，让一辆运输车可以到多个供应商处取货并运输配送的模式。与只在一家产品供应商处取货的模式相比，提升了车载空间的利用率，在最大程度上提升了运输效率，实现节能减排。

例如，京东的无人配送机器人，一台机器人负责一个区域的物流运输工作，它可以通过自身的定位系统、智能视觉系统等技术，在复杂的城市运输环境之中，规划出最合适的运输路线，并对路况进行实时监控，随时调整路线。

除此之外，京东的物流机器人还能与管辖其他区域的配送机器人进行信息共享，这有利于路线的规划，减少物流过程中的无效搬运，避免少走"弯路"，保障运输环节的顺畅运行。

智能技术的加盟，提升了绿色运输模式的绿色化水平，通过路线的优化与车载空间利用效率的提高，推动绿色运输工作的开展。

二、运输装备的绿色化

适应绿色环保的运输工具是绿色运输的另一重点，在减少碳排放量、保护环境层面发挥着巨大效用。

汽车是城市污染的主要来源之一，使用低污染排放或者零污染的运输工具，是减缓城市热岛效应的有效途径之一。新能源汽车是目前绿色环保运输工具中较受欢迎的一种，如电动、LNG 等新能源配送车辆。

电动类型的新能源汽车虽然不能实现零污染与零排放，发电消耗的能源也会产生污染排放，但相较于传统的运输工具，在污染排放方面已经有了较大的进步。一方面，电动运输车在人口集中地区实现了零排放，降低污染对人类居住空间的影响；另一方面，利用太阳能、风能等清洁能源发电的技术正在研发与更新阶段，这为电动新能源汽车真正实现零排放创造了基础。

例如，传化慧联搭建的智能车联网平台，提供绿色物流车定制服务，依托大数据等技术推动新能源汽车的使用，在节能减排的同时，提升了物流运输效率。

除了新能源运输工具之外，一些对人体无害、对环境影响较小但功能效用较好的环保绿色装备也被用于绿色运输之中，如节油卡车等。

这些绿色设备与工具的使用，促进企业推进绿色货运计划的开展，全面推动绿色物流的发展。

综上所述，各个企业在开展绿色运输工作时，可以通过全面推动新能源汽车的研发与投入使用、推广轻型卡车、在传统货运车上增加节能减排装置等方式，实现货运装备的绿色化；通过智能规划、多式联运等方式推动绿色运输模式的创新，实现高效、绿色的运输。

在上述内容中，我们从绿色仓储、绿色包装、绿色运输的层面了解了企业发展绿色物流的举措。在下节内容中，我们将从绿色逆向物流的层面去深入了解绿色物流。

5.5 绿色逆向物流：推行回收计划，回收快递箱

菜鸟网络推出了"回箱计划"，开展纸箱的回收与循环利用；苏宁投放"共享快递盒"，提高快递盒的循环利用；京东打造"纸箱回收系统"，打造完善的回收体系；1号店开展积分换产品的活动，倡导消费者参与到快递盒的回收活动中来……

许多企业都在致力于回收计划的实施，通过提升资源的回收利用率，来推动绿色逆向物流的发展。在探讨具体举措之前，我们需要明确"何为绿色逆向物流"这一问题。

绿色逆向物流就是将一些失去了使用价值但还具备潜在的利用价值的废弃物（如消费后的产品包装、产品加工过程中的边角料等），通过回收系统实现回收，经过二次加工后，重新回到企业的物流流程之中。

因此，我们可以简单地将绿色逆向物流理解成为回收利用计划，但不能将二者画等号。回收利用计划只是开展绿色逆向物流的一个重要举措，而并非全部。例如，快递包装回收计划、循环使用包装、将废弃的包装材料进行二次加工再利用等，都属于绿色逆向物流的范畴。

在对绿色物流有了一个初步的了解之后，我们还需要了解发展绿色逆向物流的重要性，才能对其形成一个完整的认知。

2016年是电商发展的一个高峰时期，快递物流行业也呈现出一片欣欣向荣之态。仅在2016年，消耗的快递包裹总共消耗编织袋32亿个、包装箱37亿个、塑料袋147亿个、一次性胶带3.3亿卷、4600万吨瓦楞纸箱原纸。

但根据相关报道，对这些材料的回收率不到10%，那么这些废弃未回收的材料最终去了何方？垃圾填埋场与焚烧场是它们的最终归宿。特别是北京、上海等城市，产生的快递包装垃圾已经成为垃圾增长的主力军。出现这种情况的根本原因在于回收体系与机制的不健全以及绿色包装未落到实处。

针对这一问题，国家邮政局等十部门联合出台了《关于协同推进快递业绿色包装工作的指导意见》，提出了绿色包装工作的相关意见与目标。例如，推广使用中转箱、笼车等较为环保的设备，进一步减少编织袋与一次性胶带的使用，逐步构建快递物流包装回收体系，推动绿色逆向物流的发展。

深圳市丰合物联科技有限公司旗下的快递宝，推出的快递宝共享盒就是企业发展绿色逆向物流的一个典型实践。

快递宝共享盒采用了拉链封包设计，取代了传统的胶带封包方式，减少了一次性胶带的使用；用电子面单取代纸质面单，减少纸张的使用；用束带固定产品，减少泡沫填充物的使用；采用环保可回收的材料制作包装盒，实现包装盒的回收与循环利用。一个快递宝共享盒的循环使用频次在数十次到数百次的区间，在最大程度上提升了包装盒的利用率。

目前，快递宝已经与多家物流企业在绿色物流层面达成合作协议，在物流环节租用快递宝的共享盒，在消费者完成签收后，由快递员当场回收共享盒，并将其投入到下一轮的运输中。

快递宝共享盒是开展绿色逆向物流的一次成功的尝试，为其他企业开展回收计划提供了一个新的方向。

降低快递物流企业的物料成本是快递宝推广共享盒的初衷，但可回收纸箱是否能够真正实现成本的降低还是一个未知数。但如果将回收利用成本转移到消费者端，将会使部分价格敏感型消费者无法接受。

因此，企业发展绿色逆向物流，在考虑回收体系与逆向物流体系创建的同时，还需要考虑成本因素，否则绿色逆向物流的发展将会面临较大的阻碍。

曾经，一场涨价风波向快递物流业袭来，其动力是纸价上涨。2017年10月，又一波的涨价浪潮袭来，中通、韵达宣布物流配送价格上调，主要原因在于包装原材料与人工成本的上涨。

根据相关数据表示，2017年前三个季度，韵达的营业成本为47.3亿元，增长了43.56%，其成本的增长幅度比营业收入增长幅度高3%。韵达表示，快递服务、物料成本的上升是导致这一结果的根本原因。而圆通在前三个季度的数据变化相似，其营业成本也呈现增长趋势，成本增幅高出营业增幅6%。

由此可见，发展绿色逆向物流，需要通过技术的不断创新，研发出低成本、可回收、循环使用率高的包装材料。同时，通过减少包装材料，降低成本，减少废弃物的数量，实现环保目的。

综上所述，发展绿色逆向物流，不仅是物流企业应该重视的问题，也是生产包装企业、包装耗材等企业思考的关键问题。各个企业同心合力，才能快速推动绿色逆向物流的发展，实现资源的回收利用，最终推动绿色经济在各行各业的全面推进。

5.6 【落地实践1】菜鸟网络的"智能打包算法"，定制包装

我的朋友莉莉十分喜欢购物，在她家随处可见大大小小的快递盒。后来，我注意到一个细节：包装盒十分契合产品的大小。我觉得不可思议，究竟是什么力量使包装盒设计得如此合适？

随着对物流行业的了解逐渐加深，我知道了菜鸟可以通过自身的"智能打包算法"对包装盒进行更为精巧与契合的设计，让包装盒与产品能够紧密契合，避免包装材料的浪费，从而实现绿色包装。

当消费者下单之后，菜鸟的"智能打包算法"技术就会发生作用。系统会根据消费者购买的产品的属性、数量、大小、体积等对产品进行综合计算，从而与最合适的包装盒大小进行匹配。这个计算与匹配过程全部由智能系统等技术实现，时间很短，不超过一秒。

菜鸟的"智能打包算法"、定制包装，都是绿色物流的落地实践，并取得了较好的成果与环境效益。

在资源节约层面，菜鸟智能算法可以在一定程度上降低成本。例如，一个日均10万单的仓库通过这样的算法技术，每年可节省1000万元的成本，这相当于节省10亿个标准大小的包装盒，或者与保护324万棵造纸树木的价值等同。

随着物流行业的高速发展，包装损耗问题也日益加剧。菜鸟为应对越来越高的包装成本，于是转向包装技术研发，想方设法降低包装的资源浪费。

于是菜鸟网络的算法专家，在大数据技术和大规模优化技术的基础上，推出菜鸟智能打包算法。与传统的人工包装相比，智能算法至少能够减少5%以上的包装消耗，且效率还遥遥领先于人工包装。

菜鸟网络的企业定位物流平台，在进行绿色物流的实践中更侧重于绿色物流在整个物流行业的普及性以及可实操性。因此，菜鸟推出的智能算法的目的并不是成为物流行业的独角兽，而是要在整个物流行业推动绿色物流的发展。菜鸟希望智能算法能够帮助更多的零售企业、电商通过减量化，实现资源的再循环与再利用，实现全行业内包装的绿色化。

菜鸟在这一社会责任的驱使下，计划在2020年实现"阿里巴巴电商平台的产品包裹绿色化达到50%，实现减少362吨碳排放量"的目标。

菜鸟的"智能打包算法"是菜鸟实现绿色物流的核心所在，围绕这一核心，菜鸟在绿色包装与绿色物流层面的具体措施有以下几点。

一是成立绿色物流联盟，将各个企业联合起来，共同促进绿色物流的发展。目前菜鸟已经与32家物流合作伙伴建立联盟关系，开启绿色物流行动计划，通过成立绿色物流基金，推动全行业的绿色物流相关工作的开展。

二是通过菜鸟智能算法，全面推动减量化的实现。根据消费者的订单内容，推荐最合适打包解决方案，提升快递盒的空间利用率，减少快递盒内部塑料填充物的大量使用，从而最终实现减量环保的目的。2017年"双11"期间，阿里爱丽电商平台的发货量突破 10 亿件，通过减量化，减少使用 4500 多万个纸箱快递盒。

三是通过推行电子面单，减少纸质三联单的使用，在极大程度上减少纸张的消耗。"积小流，终成江海"，目前，阿里电商平台上已有 80% 的商家选择使用电子面单，每年节约的纸张价值可达 12 亿元。

四是推出生物降解袋，减少塑料袋等不可降解或者降解难度大的包装材料的使用，从而降低对环境的污染；推出无胶快递盒，提升快递盒的循环使用率，推动绿色物流向低消耗、低污染、高效能的方向出发。

五是将绿色物流与公益项目联系起来，加强消费者的环保意识，例如，菜鸟与蚂蚁森林之间的合作。消费者在收绿色包装的快递后，可以获取一定数量的蚂蚁森林绿色能量。当消费者的绿色能量达标之后，可以申请种树。公益组织将会种一棵真实的树。让消费者在这一过程中，体验到因环保而产生的自豪感与成就感，从而将绿色环保的理念铭记在心。

六是设计并开创标准化的绿色回收专区，加强包装的绿色回收。厦门是菜鸟打造的第一个绿色物流城市，是发展绿色物流的一个全新的尝试。目前，全国已有 200 多个城市的菜鸟驿站开设绿色回收箱，数量达到 5000 个。让消费者可以将包装纸箱留在驿站，供其他消费者免费使用，从而促进包装快递盒的循环利用。

以上就是菜鸟应对绿色物流包装进行实践行动，其他物流企业与电商企业也可以效仿。通过大数据等技术开创自身的智能计算方式，推动绿色包装的推广，这是每个企业应该积极承担的社会责任与义务。

另外，京东、苏宁、小米、顺丰等企业都已经投入到绿色包装领域之中。接下来，我将具体介绍他们各自的解决方案，从而为其他企业的绿色包装提供新思路。

5.7 【落地实践2】京东、苏宁、小米、顺丰绿色包装解决方案大比拼

随着绿色经济的号角吹响，绿色物流、绿色包装已成为各个企业率先进军的战场。各个企业在绿色物流包装的设计上各显神通，呈现出"百家争鸣、百花齐放"的状态。

京东、苏宁、小米、顺丰分别作为电商、手机品牌商、物流企业的领导者，在绿色包装上也有一决高下之心。首届中国电子商务与物流绿色包装大会成为这四家企业一展实力高低的场所。

在会上，京东、苏宁、小米、顺丰的发言人分别宣布了自己在绿色包装上的实践与有效举措，并分别就环保包装材料、包装轻量化、绿色产业链的精细化管理、供应链的绿色化等方面进行了详细的阐述与说明。这四家的举措都是通过技术与工艺的结合，用较少的能源与资源投入，或者直接投入绿色能源，来实现绿色包装设计的目的，为绿色物流的发展添砖加瓦。

一、京东：设计并使用减量化、循环化包装

京东的绿色包装设计主题是减量化包装，同时也推行易降解和可循环包装、供应链包装的使用。

京东在包装轻量化方面，通过提升包装材料的利用率，减少包装材料的浪费。其减量化主要表现在不同的方面：在绿色包装的生产制作层面，要求轻型化和包装可利用空间的最大化；在绿色包装的设计上，则以简单朴实为原则，避免因追求高档次而带来的浪费问题，以减少废弃物的排放与丢弃。

京东在循环包装方面，开辟了两条道路：一为原级循环，京东将废弃的包装盒回收利用，再次加工成为包装盒；二为次级再循环，即将已经废弃的包装盒、原材料资源回收利用，转化成其他层面的资源。但原级循环的资源利用效率较次级再循环高，是一种非常理想的状态。

根据以上两个道路，京东进行了具体的实践。例如，400 克的三层纸箱的推广使用；将快递盒胶带宽度变窄，减少胶带的使用与浪费；开展纸箱快递盒回收，减少快递填充物与缓冲物的使用；增加无胶快递盒投入的数量；在自营店内 100% 使用电子面单，推行电子签收；举办物流包装大赛……

除此之外，京东从供应链的角度出发，与品牌商合作，将节约包装、直发包装落到实处。并通过大数据与云计算等技术，收集分析相关数据，让品牌商明确包装仍然存在的问题，以及解决问题的大致方案。

京东通过设计绿色环保、可循环使用、减量化的包装，推行绿色物流的发展，并通过连接供应链，让绿色包装计划得以深入地进行。

二、小米科技：精细化管理，全程参与

小米的物流既包含 B2B（企业到企业）物流，也包含 C2C（顾客到顾客）的物流，因此，发展绿色物流的重点就是要将 B2B、C2C 物流融入绿色供应链、绿色生产与绿色运输的全过程中。这对小米提出了较高的要求，需要对整个绿色产业链的工艺进行改进，进行精细化的管理。

小米通过多场景运作，在保障绿色产品质量的前提下，将减量化、可循环化和标准化落到实处，从而实现精细化管理。

在绿色包装这一环节，小米的具体的举措如下：

不同的产品使用的包装与电子面单的使用也有所差异，例如，可以根据消费者的订单，了解产品的大小等特征，采用最合适的电子面单纸张尺寸；还可以推行电子发票，不浪费纸张。

在封包上，可采用水溶性胶带，减少一次性透明胶带的使用，用最简约的方式封包，避免浪费。

在包装盒上，可以直接用供应商的原包装发货，也可以用循环包装盒发货，但前提是要告知消费者包装盒是循环利用。还让产品设计人员参与物流包装设计，通过大数据与数据模型等技术，推算出产品订单的空间大小，从而使用最合适的产品包装盒，有效利用包装盒空间。

小米的物流包装是其在绿色包装上推行精细化管理的重要一步，通过科技改进工艺，从而促进资源的利用效率的提升。

三、苏宁物流：遵循国际标准，实现包装绿色化

苏宁在绿色物流包装上，则是将重点放在对国际标准的遵守上，即坚持绿色包装轻量化、重复利用以及回收的三大标准。其具体举措如下：

在包装的轻量化层面，苏宁早在2016年就已推行胶带与面单的"瘦身"计划，通过减少相关包装材料的使用，减少浪费，从而减轻对环境的污染，达到绿色包装的目的。

苏宁通过创建纸箱回收系统实现包装的绿色化。快递员直接面对消费者，讲解回收方式、处理面单，然后将包装盒带回，达到回收目的。仅在2016年，苏宁就已回收包装纸箱超过100万个。

在重复利用层面，苏宁通过推出共享快递盒实现目的。消费者在签收快递之后，快递员会直接将包装盒带回，然后重复利用。苏宁前期投放的5万个共享快递盒，已节约纸箱650万个，效益十分明显。

苏宁还将各个网点间用于交接的编织袋更换成RFID环保袋。这些环保袋中的内置芯片可以定位追踪、识别目的地，重复使用率高，且更省时。

在回收层面，苏宁从生产的源头抓起，尽量采用可回收材料制造包装，从而减少不可回收垃圾所占的比例。例如，苏宁用牛皮纸胶带进行封包，不仅可以提升包装盒的回收利用率，还可通过回收这些胶带进行二次加工，减少胶带浪费，避免胶带为环境造成较大的负面影响。

苏宁通过坚持上述三项做法，并在智能技术的加持下，将绿色包装进行到底。例如，苏宁的包装推荐系统，可以根据订单产品的大小、重量等进行精准的评估，然后与包装盒进行精准的匹配，并计算出最佳的产品摆放方式，提升包装盒空间的利用率，并有效地提升了工作人员的效率。

苏宁还根据产品类型、消费者对包装的接受程度，来制订最佳的包装方案。例如，高价值的产品，消费者对重复使用的包装盒的接受程度较低，则不推荐

采用重复使用的包装盒；而日常用品类，消费者的接受程度高，则可以多采用重复使用的包装盒。

四、顺丰：注重包装标准化，掌握物流各环节

在我国，冷链物流中的冷冻产品的损耗率较高，达 20%~30%，且每一个物流环节的处理稍有不慎，便会造成更多的损耗。就此问题，顺丰从包装问题着手，并对整个物流环节进行全面控制。

在预冷环节，顺丰推出了移动预冷库，灵活及时地对产品进行预冷。这样不仅节省了建设冷库的成本，还可以更加快捷有效地进行预冷，减少产品损耗。

在保鲜环节，顺丰采用循环保温箱。这种保温箱有独立的冰盒卡槽，可以有效地避免冰盒对产品的挤压，造成产品损耗。且保温箱可以循环使用，减少了白色泡沫箱 EPS 的使用。而且顺丰的冰盒、水袋也是可循环使用的，不同的产品可以采用不同的冰盒。

除此之外，顺丰还将各个环节的物流方案与设施相匹配，从而减少产品损耗。例如，顺丰根据产品包装从尺寸、车辆尺寸等，考虑物流配送过程中的自动化中转匹配程度、包装工具的匹配程度，从而采用最佳的包装、运输方案，选择最合适的物流路径，减少产品损耗。

京东、苏宁、小米、顺丰根据自身的优势，依托于技术与工艺创新，实现了包装的绿色化，促进了绿色物流在全行业内的推广，为其他企业的物流做出具有实操性的表率。

5.8 【落地实践3】京东物流的"仓储机器人",实现前后端无人自动装卸车

"双十一"期间,我曾在京东上消费,在下单8小时后,我发现自己购买的产品就已经打包完成,并从仓库运走发货,至13日上午快递到家。

了解电商物流的人可能知道,从消费者下单到仓库运走发货共有9道手续,仅仅8小时便走完,十分高效。为何京东如此之快?关键在于京东物流的"仓储机器人",可以进行无人自动装卸工作,极大地提升了各个环节的效率。

随着绿色经济理念的逐步推广,高效环保的竞争战逐渐愈演愈烈,绿色物流也开始走向智慧化、科技化的道路,通过提高效率,减少物流成本,实现绿色物流。

科技感爆棚的无人仓是京东最引以为傲的,是京东开展绿色物流的关键。实现无人仓的根本在于大量仓储机器人的使用,再加上大数据技术、人工智能等技术的辅助,赋予这些仓储机器人自主判断与行动的能力,极大地提高了物流运输效率,从而减少能耗,降低了50%物流成本。

在2016年,京东已经构建了一个由机器人、智能系统以及数据感知网络组成的未来绿色全自动蓝图。

在"双十一"期间,京东机器人已经开始广泛投入使用,创建了50多个无人仓。其中,包含有智能搬运机器人AGV、六轴机器人6-AXIS、DELTA型分拣机器人、SHUTTLE货架穿梭车等不同类型的仓储机器人。

智能搬运机器人AGV的形式速度一般,达到每秒2米。其重量有100公斤,最高的载货水平为300公斤,其蓄能可以支持8小时的工作。二维码识别与惯性导航为其赋能,并通过防撞传感器和无线通信,在复杂的工作环境中,开展工作。

六轴机器人6-AXIS的主要作用为完成码垛工作。根据产品大小,计算如何

摆放，才能将不同尺寸的包装箱的装载率提至最高，避免浪费。这种类型的机器人相较于人工，可以提升30%的效率。

DELTA型分拣机器人的主要作用是进行动态拣选，还可以根据拣选产品的差异自动更换拣选器。其主要特点是具有三轴并联机械结构与3D视觉系统技术，可以适应货物转角偏差。工作速度快，与人工分拣相比，效率提升了五六倍，一秒可完成一次分拣工作。

SHUTTLE货架穿梭车的主要功能为在立体货架上移动货物。其速度快，可达每秒6米；工作效率高，每小时能完成1600箱货物的移动与摆放。

京东还与炬星联手，将炬星AMR机器人投入京东物流的华北、华东区的3C仓库使用。

3C产品（计算机、通信、消费类电子产品）在京东商城中占比较大，体积小、重量轻，但对物流拣选、搬运服务的要求较高。炬星AMR机器人的使用可以在保障大量3C产品安全的同时，提升工作效率。炬星AMR机器人有配套的机器人管理系统，可以通过4G网络链接，对这些机器人进行分布式管理，加强物流各个环节之间的连接，全方位的提升效率。

表5-1为炬星科技的公开资料，显示了炬星AMR机器人的高性能特征。

表5-1 炬星AMR机器人的高性能特征

最大载重量	50千克
空载时最高行驶速度	每秒2米
标准负载（25千克）时最高行驶速度	每秒1.2米
尺寸	600毫米（长）×420毫米（宽）×1200毫米（高）
自重	约45千克
导航定位精准度	±50毫米
作业方式	P2P（Point to Point）搬运
标准负载（25千克）时工作时长	约8小时
电池	锂电池、24V/45Ah、2小时充满

目前，炬星 AMR 机器人进驻京东物流，还处于实验与探索阶段，其具体的数据尚不明确。但彭博社给出的相关数据显示，与人力物流相比，一台炬星 AMR 机器人可以提高效率 5 至 8 倍。

京东仓储机器人的运用，实现了无人自动装卸，从包装到运输的效率都得到提高，这使京东能够极大地减少包装、仓储与运输过程之中的能源与资源的消耗，实现绿色包装、绿色仓储、绿色运输，将绿色发展的理念贯穿始终。

第 6 章
绿色出行:"互联网+便捷出行",共享经济下的新模式

共享单车、滴滴出行、曹操专车等大行其道的背后是绿色出行理念的强化,标志着绿色出行已经成为生活新常态。技术创新、工具改造、模式升级都为绿色出行的流行奠定了基础,推动了"互联网+便捷出行"的共享模式的出现,从而推动了绿色经济的发展。

6.1 让绿色出行成为一种生活新常态

前段时间，我偶然得知一个朋友小李完成了去西藏的自行车之旅，在朋友圈"晒"出的自拍照，照片中的他笑得很开心，与之前简直是判若两人。

不仅是小李，现在越来越多的人会选择骑自行车去旅行，这不仅是因为人想要改变自己，更是因为环保理念的加深，"背包客"也在朝着绿色方向发展。绿色出行俨然也已经成为一种新的生活方式。

如今，在"金领""白领""蓝领"之后，又出现了"绿领"。"绿领"是提倡并践行绿色生活方式，坚持绿色出现，引领低碳大潮的一群人。换言之，"绿领"就是低碳环保一族的统称。

"绿领"中的"领"与金钱、地位、工作无丝毫关联，而是与生活观念、生活习惯等紧密相连，是一种内在的生活态度。他们在衣、食、住、行的方方面面都坚守着低碳环保的绿色理念，其中对绿色出行倡议与践行的效果最为显著。

在中国，汽车交通是继住房与教育后的第三大家庭重要消费项目。随着城市化进程的快速推进与城市人口的急剧膨胀，交通拥堵成为大城市久治不愈的顽疾，成了城市环境与出行安全的隐患。

交通拥堵增加了人们的出行时间，对于经常陷入堵车环境中的人而言，会影响自身的心情与工作效率。以北京为例，堵车基本上是人流高峰期的家常便饭，这为人们的出行带来了极大的困难。

除此之外，汽车交通也给城市环境带来了较多的负面影响。例如，尾气排放导致加剧大气污染、交通噪声污染以及城市热岛效应。

汽车尾气有70%是一氧化碳，并包括对人体危害极高的碳氢化合物、氮氧化合物等多种致癌物质，人们长期处于汽车尾气污染的生活环境中，会对肺功能与呼吸系统造成损伤。由于汽车尾气的排放高度一般在1.5米之内，因此，尾气对孩子造成的危害比成人高出许多。据相关调查表明，生活在汽车修路站或者加油站附近的儿童，与其他区域的儿童相比，患上白血病的概率要高出4倍。

由此可见，解决交通环境问题，推广绿色出行刻不容缓。随着政府与相关组织机构的宣传与推广，有越来越多的人了解到绿色出行的重要性，并在生活之中践行绿色出行。

绿色出行就是以减少节能减排为理念核心的交通方式与出行行为，形式多种多样。例如，乘坐公交、骑自行车、步行、拼车等，可以有效地减少汽车尾气的排放，降低对环境的污染，减少对人体的伤害。

有人说，中国城市太大、人口太多、道路太长，不适合自行车上下班。但杭州身先士卒，在市中心区域每隔300米开设一个公共自行车服务点，自行车日租量最高可达21.16万辆。早在2010年，杭州公共自行车服务点已突破2000个，自行车数量达到5万辆，日租量最高达到25万辆。这相当于每天减少了6万辆小汽车的使用。

绿色出行的发展前景虽然坎坷，但已经在潜移默化中让人们将绿色出行的理念铭记在心，并尽量选择绿色出行。如今，绿色出行已经成为一种生活新常态。

随着时代的发展与进步，各种技术在不断创新，为人们的绿色出行创造了新的方式，进一步推动绿色出行生活出行新常态的传播与发展。

接下来我们将从技术层面为切入点，去了解绿色出行的实现路径，从而对绿色出行有一个全面的认知，思考"如何将绿色出行与企业发展相结合"的问题。

6.2 实现路径一：技术创新

"科学技术是第一生产力"，推动绿色出行理念的传播与普及的基础路径便是技术创新。绿色出行以新能源、人工智能、云计算、传感技术、雷达系统等创新性技术为基础，以技术驱动绿色发展。

一、新能源

传统交通使用的动力能源是以石油为代表的不可再生燃料为主，对环境的污染程度高，与节能环保的目标相差甚远。由于我国人口众多，交通车辆的需求量大，石油的消耗量大。根据工信部提供的相关数据显示，我国每年新增石油消费量中的70%都用于交通事业。

石油等化石燃料的消耗会增加碳排放量与有害气体、颗粒的排放，加剧城市热岛效应，造成大气污染。根据环保部门提供的相关数据表明，在一二线城市中，机动车的尾气排放是提升PM2.5浓度的元凶之一，其贡献占比20%~40%，是大气污染的主要污染源之一。

为解决这一问题，新能源技术应运而生，为交通运输提供新的、较为清洁动力能源。例如，在电能的开发使用中，研发出了铅酸蓄电池、化学电池等。但是，铅酸蓄电池的蓄电时间长，不利于提升出行效率，而研发的其他的高比能量的电池成本较高，这会极大地提升电动汽车的造价。除了研发电力作为交通新能源，还可以将太阳能、甲醇等清洁能源作为交通能源动力。

二、传感技术

传感技术主要运用于采集路况等各种信息，为云计算提供最准确的信息与数据。传感技术的主题为传感器，在汽车之中最常用的传感器主要包括彩色摄像机、ERIM激光雷达、超声、陀螺、光码盘、GPS等。

例如，由意大利帕尔玛大学研制的ARGO试验车，具备视觉系统。这一系统的基础就是传感技术。通过传感器，它可以较为准确地获得路面环境信息与数据，通过不同的控制设备，达到辅助无人驾驶的目的。

再例如，由美国卡内基·梅隆大学机器人研究所研制的 NavLab 系列智能车，其传感器包括差分 GPS、陀螺仪和光电码盘、激光雷达、摄像机等。差分 GPS 的定位导航精准度极高；陀螺仪和光电码盘可以在动态环境中实现惯性姿态的测量；激光雷达的检测范围较大，分辨率较高。

传感器的组合，可以实现对形式环境的实时检测，并将手机的数据发往计算中心，在减少安全事故发生频率的同时，提升出行效率。

三、雷达系统

雷达系统能够对周围的环境进行检测，实时感知周边障碍物信息，并与摄像机等传感器合作，识别周边车辆、道路、交通标志等信息，并传递给计算系统，从而计算出车辆最优的行驶速度即路线。

例如，由卡内基·梅隆大学研制的 Boss 无人驾驶汽车，可以通过雷达实现对周边环境的实时检测，并根据环境的变化，辅助车辆加速、转向、换挡等自动驾驶操作行为。雷达系统是构成传感器体统的一环，.都是为计算系统服务的系统。

四、人工智能

谈到人工智能与交通，想必大家第一时间想到的便是极具相声才能的车载操作系统，它可以根据使用者的喜好设置相应的语言包。在网络上经常有车主放出自己与车载操作系统的搞笑对话，让我们在获得快乐的同时，不禁发出原来车载系统已经如此先进了的感叹。

车载系统能够得到快速发展与人工智能密不可分，车载系统不仅具有语音聊天功能，还具有管理车载系统的硬件、软件及数据资源的功能。通过控制程序的正常运行，整合车机系统的资源，为上层软件提供更加有力的支持。

在定位与规划路径方面，可以将接收到的交通数据、信号、音频、视频等进行加工分析，制定出最佳的行驶路线，将各种数据与信息的效用发挥到极致。人工智能支持下的车载操作系统能够提供各种形式的用户界面（UI），为驾驶员创造良好的驾驶环境，并为驾驶员提供有效的驾驶辅助，帮助驾驶者实现半自动驾驶，甚至自动驾驶。

人工智能能够将传感器、雷达等体系传递出的信息进行综合整理，并通过云计算等运算核心对这些数据进行分析，在协调车内各种资源的协调运作，提升资源的利用率，降低能源的损耗，提升出行效率。

五、云计算

云计算技术在传感技术、雷达系统等信息收集处理的体统的协助之下，可以快速地将相关信息汇总，并在云空间进行计算，规划出最佳途径，减少能源消耗。

例如，我们在生活之中使用的"掌上公交"APP可以实时监控公交的行驶路线与行驶的具体情况。你可以在APP上查看公交离你所在的位置还有几站路，以及所需要的时间。你可以在家通过APP查询公交信息后规划自己的出门时间，避免在公交站等待太长时间。

"掌上公交"APP能够实现这些功能，是因为公交上安装有传感器等信息收集系统，能够将公交的行驶信息发送到信息处理中心，然后通过云计算等计算系统，计算出距离与所需时间。

以上这些技术的创新，围绕提高效率，达到节能减排的目的。依托技术的创新，加工工具也出现了改造与升级，促进了人们的绿色出行。汽车交通领域的企业应该将这些新技术运用到具体的实践之中，用技术驱动绿色出行的发展。

6.3 实现路径二：工具改造

你是否关注过这些现象？

在北京奥运会、上海世博会、广州亚运会期间都对汽车行驶做出了一定要求，随后电动汽车如雨后春笋般出现在我们的生活之中，整个汽车市场似乎都涌动着电动汽车发展的春潮,在世界范围内,各国政府也纷纷提倡发展电动汽车。

人们还在为不断上涨的油价而忧心忡忡时,电动汽车横空出世,为人们的绿色出行提供提供了契机,促进了绿色出行时代的到来。那么,在技术的创新下,绿色出行除了电动汽车这一工具外,还有哪些经过改造的工具呢?

一、新能源汽车

新能源汽车是绿色出行工具改造中效果最为突出的成果,这种汽车采用的都是以非常规的、清洁环保的燃料为动力来源,其动力控制与驱动层面都采用了较为先进的技术,与普通汽车相比,节能减排效果显著。

目前,世界上所有的汽车领域的龙头企业都开始转向研发新能源汽车,例如比亚迪、上汽等企业,主要研发的新能源汽车包含太阳能汽车、燃料电池汽车、氢动力汽车、电动汽车等。

太阳能汽车被公认为是"未来汽车",在车身上安装硅太阳能电池,为汽车的动力系统提供电力能源。目前太阳能汽车仍处于研发阶段,虽然采用了太阳能作为动力来源,但实质上是将太阳能转换为电能,在本质上还是属于电动汽车范畴。

燃料电池汽车的燃料为氢气、甲醇等清洁燃料为主,通过化学反应产生电流,从而依靠电力驱动汽车。燃料电池中的化学反应不会产生有害物质,真正实现了"零污染",且燃料电池的能量转换效率高出内燃机两三倍。

氢动力汽车是真正意义上的零污染、零排放的汽车,其排放出的不是有害气体,而是纯净水。这种汽车被认为是代替传统汽车最理想的方案。但每辆氢动力汽车的成本高出传统汽车至少20%。因此,在目前还无法推广。

单纯的电力汽车曾经被看作是未来汽车,但随着研发与实践发现,电力汽车的蓄电充电存在时间长、重量大等缺陷,使其无法在市面上进行全面的推广。

新能源汽车通过减低污染排放,或者实现零排放、零污染,从而达到环保目标，促进绿色出行。

二、自运驾驶汽车

自运驾驶汽车顾名思义就是指在通过人工智能、雷达、视觉计算机等技术的支持下，实现无人驾驶的智能汽车。过去是传统手动挡的天下，而今是手动挡与自动挡的势均力敌，在未来将是自动驾驶的天下。

依托车联网与智能交通系统，将人、车、路联系起来，实现自运驾驶汽车的安全行驶。车联网通过车与车、车与路面的基础设施、车与人、车与传感设备之间的信息交互，实现信息共享，收集车辆、交通情况，并在信息网络上加工、分析收集到的信息，做到精准计算与推荐。

例如，你在出行时，可以直接告诉智能系统自己的目的地，系统就会通过车联网收集到达目的地各种路线以及交通情况，从而推荐一个最合适的路线方案，避免交通拥堵。通过车联网还可以提前知道周围正在行驶的其他汽车的信息与相关状态，能够降低因人工视线盲点而造成的交通事故。

自运驾驶汽车在新技术的加持之下，可以优化驾驶路线，缓解交通拥堵，提高人们的出行效率与停车场利用效率。从这角度来看，自运驾驶汽车也是绿色出行的推动者。

绿色出行工具的改造，还需要各个企业主动承担一定的社会责任，为人们提供更多可以绿色出行的工具。例如，百度、长安汽车、吉利、图森等企业都在积极地研发低污染技术，希望通过科技的创新，推动绿色出行的进一步深入。

但目前由于自动驾驶汽车在复杂的交通环境下的识别能力、计算能力的可靠性还不足，大部分自运驾驶汽车还处于研发阶段。随着这些企业的技术研发，终将会诞生出最完美的绿色环保的自运驾驶汽车，为未来带来一个更加多姿多彩的绿色出行的时代。

绿色出行工具的出现与改造，将会使各个相关企业发展出与工具相适应的绿色出行模式，为大众消费者提供更多的绿色出行选择与服务，引领绿色出行的开展。

6.4 实现路径三：模式升级

当你逛街时，你会采用什么样的绿色出行方式？是乘坐公交车，还是滴滴打车？是租借共享单车，还是直接步行？想必，由于不同的路途长短、出行习惯，人们会有不同的选择。但这些选择基本上都包含以下三种模式。

一、网约车模式

网约车模式是通过互联网预约出租车的打车模式。其绿色效应是通过提高汽车的使用率，缓解交通拥堵情况，减少碳排放量，从而达到绿色环保的目的。

例如，我们最常用的滴滴打车便是以网约车模式为核心。消费者只需要在滴滴出行上选择自己的位置与目的地，一般在5分钟之内有就近的司机接单，或者直接由系统中心根据你的匹配范围派单给滴滴司机。当你在出门前预约车后，一出门就能直接上车，减少了交通时间，提高了出行效率。

除了滴滴出行外，首汽约车、曹操专车等都是以网约车模式为核心的出行交通服务，其中包含拼车服务、专车服务等。

随着网约车企业与平台的发展，网约车用户也在逐年上升。根据第44次《中国互联网发展状况统计报告》数据显示，截至2019年6月，网约车用户规模达到3.39亿，与2018年相比，提升了633万。

网约车模式得到了越来越多人的认可，已经在全国范围内得到了全面推广与普及。为推动网约车模式的健康发展，各地都发布了相关的新政新规，使网约车规范化、安全化、有序化，并将新能源汽车打造成为网约车。例如，在2019年5月，交通运输部公布了《出租车服务质量信誉考核办法》将网约车平台企业与司机纳入考核体系，对网约车进行规范化的管理。

网约车模式在节省人们的出行时间、提升出行交通效率的同时，还减少了空车率，提升了出租车的利用率，从而减少了能源浪费的情况，是绿色出行的有效模式。

二、分时租赁模式

分时租赁模式就是向消费者提供租赁车的服务，并根据使用时间计算租金，让消费者能够随时随地取用，并在互通网点归还的自助互联网租车模式。

分时租赁模式以新能源汽车为主，参与的企业数量较多，目前主要活跃在二线城市，在共享汽车市场中的发展势头正猛。分时租赁模式也可以提升汽车的使用效率，缓解交通紧张与交通压力，并通过新能源的使用，降低碳排放量。其中，最有代表性的企业有 EVcard、GoFun.、CAR2GO 等。

在 2013 年，分时租赁模式兴起之时，北汽、吉利、上汽等车企纷纷开展分时租赁服务。据易观察数据显示，至 2018 年，北京、郑州等 19 个城市已经实施了车辆限行政策，这为分时租赁模式的扩大创造了条件。对这些环保车企，政府还会给予一定的经济补贴，支持其发展。

根据汽车工业协会的数据统计，自从 2012 年之后，我国汽车销量一直处于缓慢上升阶段，到 2018 年则是呈现负增长状态。由此，我们可以了解到，实行分时租赁模式不仅是政府的引导，更是车企实现转型升级、获得可持续性发展的必要趋势。

正如盼达用车技术总监——蒋齐所言："我们做分时租赁，是因为相信未来用户势必从购买汽车转变为购买汽车服务。"

分时租赁是促进消费者实现绿色出行的重要模式，也是车企实现绿色、可持续发展的重要途径，是消费者与企业的"双赢"模式。

三、共享车模式

共享单车模式依旧是租赁模式的核心，只不过该模式提供的服务由汽车转向了自行车，以在公共区域提供自行车共享服务为主。我们最为熟知的哈啰单车就是共享单车模式。

共享单车模式一经出现，就在全国范围内快速增长，迅速普及。不仅对城市交通提供有效的补充，还能减少汽车的使用频次，缓解交通拥堵，降低碳排放量，促进绿色出行的发展。

以哈啰单车为例，其使用方法就是通过支付宝扫码开锁，在支付宝的流量支持下会获得一定量的订单，也会为支付宝带来潜在的用户，为 C 端的一些商家打广告，增加流量。哈喽单车不仅提供绿色出行服务，还能够获得盈利，实现环境效益与经济效益的双丰收。

共享单车模式让绿色出行距离消费者越来越近，如今每到高峰期，你总能看见许多人在使用共享单车出行，使绿色出行真正成为生活的新常态。

这三类绿色出行模式虽然差异性较为显著，但也有共通之处，都是利用大数据、移动互联网等技术，整合相关车辆资源与信息，满足消费者多元化的绿色出行需求，其目的都是为了实现节能减排，促进绿色发展。

在明确了绿色出行的相关路径之后，就需要将这些新技术、工具、模式运用到实践中，才能发挥作用。接下来，我们将从具体的实践案例出发，探寻企业在推动绿色出行中应该发挥的作用与采取的行动，在推动绿色出行的同时，促进企业自身的发展。

6.5 【落地实践 1】比亚迪的"互联网 + 绿色出行"

比亚迪的"互联网 + 绿色出行"是依托互联网、云计算、人工智能等技术，将互联网与绿色出行结合，通过线上渠道对线下车辆交通资源进行合理分配，满足人们日益增长的绿色出行的需求。

在绿色经济、共享经济发展的大背景在,比亚迪的"互联网+绿色出行"模式的核心是依托互联网大力推广新能源汽车,为大众提供绿色出行的有效工具。比亚迪早在新能源汽车上市之初,就开始实施这一模式,为大众提供互联网服务。其服务主要包含以下几种模式。

一、比亚迪"互联网+绿色出行"的模式

（一）打车模式

该模式是由乘客通过互联网在手机 APP 上下单,系统根据乘客的位置向就近的司机分配订单,或者由司机主动接单。这使乘客不必在路边拦车,通过线上渠道便能叫车,在减少沟通成本的同时,降低了空车率,提升了资源的利用率。

（二）专车模式

专车模式也是依托互联网,对自有租赁车辆与部分私家车进行管理,乘客在线上下单,由专车司机接单。该模式的优势在于车型高端、服务优质,能够满足中高端乘客绿色出行的需求,但服务费用较高。

（三）拼车模式

拼车模式的整合资源对象主要是私家车。乘客直接通过比亚迪的租赁平台,与私家车车主达成租赁协议,并且双方承担部分责任,如分担油费等,并由平台进行监管。与专车模式相比,拼车模式中的车源获得比较简单,整合难度低,因此具有低价的优势。

这种模式可以有效地提高私家车的使用率,提高资源的利用率,帮助普通乘客实现绿色出行的目的。

（四）共享租车模式

共享租车模式与拼车模式有相同之处,都是对私家车资源的整合,有用车需求的乘客在比亚迪租赁平台上与车主达成租赁协议,乘客用车,车主也能获得部分租金。这种模式将车辆的使用权与支配权进行了分离,是实现合理配置资源的途径之一。

这四种模式虽然在运行层面有所差异，但都是提倡合理配置私家车资源，实现以租代买，从而减少车辆的总购买量，最终达到缓解城市交通压力、减少二氧化碳排放量的目标。这四种模式构成了比亚迪"互联网＋绿色出行"的基本框架。

二、比亚迪"互联网＋绿色出行"的推广模式

如今，新能源汽车成为比亚迪租赁项目上中的一员，2015年，比亚迪新能源汽车的销售数量达到6.2万辆，世界排名第一，其新能源汽车在市场的份额达到30%。此后，其新能源汽车的销售数量在不断提升。

随着新能源汽车的不断普及，比亚迪的租赁车中新能源汽车的比例逐步上升。为了早日实现租赁车辆的全部绿色化、环保化，比亚迪开始大力推广"互联网＋绿色出行"。

目前，我国"互联网＋绿色出行"市场中占据优势的是P2P（个人对个人）模式的滴滴、Uber和B2C（企业对个人）模式的神州专车。

P2P模式由提供租赁的服务商与私家车车主组成，是一种私家车加盟模式，该模式的运营成本低、规模扩展速度快，但是企业自身承担的责任与风险较大。B2C模式是由服务商自行购买汽车或者与车企合作，自己聘请司机为乘客提供出行服务，该模式运营成本高，能够保障服务质量，用户的忠诚度较高。

新能源汽车在限牌城市和交通压力大的城市备受青睐，比亚迪在明确新能源汽车的发展优势之后，了解到新能源汽车的环保、节能等优点，随后与滴滴平台达成合作共识，创建了合资公司，该公司采用的模式，糅合了P2P模式与B2C模式的优势，获得了较大的绿色发展空间。

该公司由比亚迪承担租赁符合标准的新能源汽车，负责招募司机；而滴滴平台则对车辆进行统一管理，确保租赁模式的正常运行。该公司的业务工作已经在广州、深圳等城市正式开展。

通过这一模式，比亚迪可以更加快速地推广新能源汽车，为改善城市环境、缓解城市交通压力贡献一分力量。

目前，比亚迪已经在深圳投放3300台新能源汽车，由于该车的使用成本较

低,成为乘客争先租赁使用的对象。比亚迪已经完成了深圳"互联网＋绿色出行"50多万个订单,据估算至少已经为100万人次提供了绿色出行服务。"互联网＋绿色出行"俨然已经成为深圳的绿色名片之一。

在广州,比亚迪已经获得了4000台新能源汽车运营资格,与当地多家汽车租赁企业达成合作,目前已经投入500辆新能源汽车试行。比亚迪的租赁服务会根据不同地域市场的不同特征,制定多元化、灵活的运营模式,提升大众绿色出行的水平。

除此之外,比亚迪的"互联网＋绿色出行"面向社会提供了4000多个岗位,不仅承担起环境责任,也承担起相应的社会责任。比亚迪开展"互联网＋"与新能源汽车相结合的战略,获得当地政府的肯定与大力支持。

比亚迪的"互联网＋绿色出行"的各项举措与模式已经成为推广绿色出行、强化绿色环保理念的典型案例,成为其他车企发展绿色经济的楷模。

6.6 【落地实践2】5年千万辆GoFun分时租赁破局观

纵观绿色出行全局,越来越多的汽车生产商转向物联网出行服务商;分时租赁正呈星火燎原之势,共享汽车在快速崛起……国内绿色出行正在如火如荼地进行,各个发展绿色出行的企业应该如何做才能实现战略升级,迎接绿色出行带来的机遇与挑战呢?

GoFun作为分时租赁的佼佼者,为其他企业在发展绿色出行租赁服务提供了思路。目前,首汽GoFun的分时租赁服务已经包含3万辆,每辆汽车每天至少可以接5单,为全国65个城市、800多万用户提供分时租车服务。

GoFun 的目标是在 5 年之内将租赁车从 3 万辆提升至 1000 万辆，全面推动绿色出行。为实现这一目标，首汽 GoFun 将分时租赁由提供自有车辆转向在社会中吸纳车辆，从而促进绿色出行规模的扩大，以及实现轻资产模式的快速复制。

GoFun 的分时租赁是汽车共享和汽车租赁的形式之一，相较于传统租赁，分时租赁的市场领域细分更为具体，直接按时间进行收费，是传统租赁的延伸模式。乘客只需要下载 GoFun 的软件 APP，并注册上传相关信息，在完成审核、缴纳押金之后，便可以按自己的需求租用车辆。

值得注意的是，如果乘客的 GoFun 账号与支付宝账号绑定之后，且芝麻信用评分达到相关标准，就可以免押金租赁车辆。

2013 年是国内分时租赁的兴起年，具有代表性的有北汽轻享、盼达用车、立刻出行等平台，其发展的基础是车企资源与地域优势。虽然分时租赁与以滴滴为代表的网约车、以摩拜为代表的共享单车师出同源，都是共享绿色出行的一员，但是分时租赁却发展得不温不火，一直没有具有代表性的企业出现。

2017 年，提供分时租赁服务的友友用车倒闭，随后在分时租赁领域提供高端服务的 EZZY 破产，这使绿色分享出行领域的企业对分时租赁这一项目产生了怀疑，并开始采取观望态度。

GoFun 的出行总裁谭奕认为，分时租赁是一个需要长期赛跑的行业，而如今还正在预热的早期阶段，只要有足够的耐心慢慢地跑，才能在分时租赁中获得发展的机遇。他还提到 GoFun 重资本、重运营的模式虽然会增加分时租赁的难度，但并不是阻碍分时租赁发展的根源问题。上下游与分时租赁的配合，才能度过分时租赁的预热阶段，进入正式发展阶段。

分时租赁与绿色出行的结合，是一种适合长途出行的一站式的解决方法。这种方式能够满足乘客 2 至 3 小时的出行需求。例如，购物消费、访亲拜友等场景，都是这一方法的针对场景，让乘客在灵活自由出行的同时，也能提高出行效率，提高汽车资源的利用效率。

分时租赁虽然与马拉松一样，路途遥远，但终将会有终点，而帮助 GoFun

走到终点的将是庞大的乘客需求。分时租赁的需求其实一直都存在于市场中，需要行业内部的企业将这些需求激发出来。

围绕需求的激发，GoFun 改变由企业自有车辆提供租赁服务向吸纳社会车辆进行租赁，从而摆脱了之前汽车数量有限、车型单一、操作不便捷等方面的问题。目前，GoFun 正在试图培养乘客的分时租赁习惯，从而激发乘客的需求。

目前，GoFun 分时租赁的主要乘客是学生、刚毕业或者毕业 5 年以内的年轻群体，目标群体年龄范围为 18~30 岁。处于这个阶段的乘客用户对新鲜事物的接受度高，且绿色出行与分时租赁的习惯更容易养成。

毫无疑问，分时租赁虽然是人人都想吃的一块大蛋糕，但却需要一口"好牙"，否则就如同一块"硬骨头"。分时租赁的标签看似是重资本、重运营，与"烧钱"挂钩，但 GoFun 却看见了其中重大的机会。虽然，GoFun 目前还担负着 3 万辆车的重担，但 GoFun 正准备将自身彻底打上"纯平台"的属性，减轻自身负担。P2P（个人对个人）模式是 GoFun 如今的发展趋势（见图 6-1）。

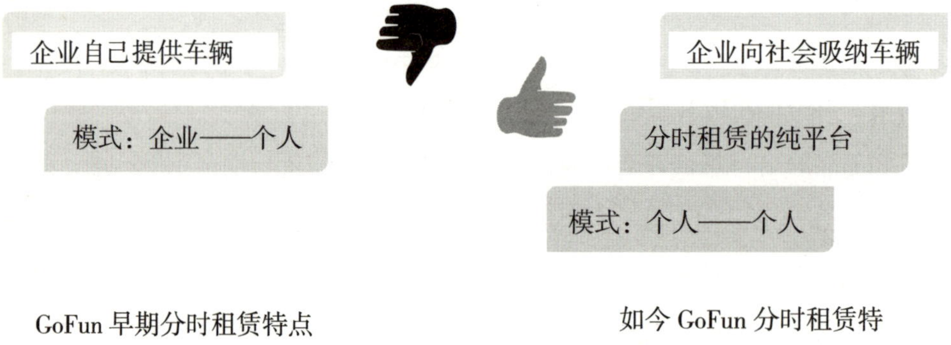

企业自己提供车辆	企业向社会吸纳车辆
模式：企业——个人	分时租赁的纯平台
	模式：个人——个人
GoFun 早期分时租赁特点	如今 GoFun 分时租赁特

图 6-1　过去与现在 GoFun 分时租赁特点的对比

P2P 模式是 GoFun 开展绿色出行的创新与具体实践，通过吸纳更多的车辆并对其进行管理，依托区域链网络化与技术扶持，保障乘客享受分时租赁服务的安全性。在上游，明确各种车辆的车型、舒适度、安全性能等信息；在下游，为乘客提供可信的服务与保障，例如车的定位、监控以及信用认证等。通过上游与下游的合作与配合，实现无人化管理与智能交接。

这不仅是为了让分时租赁焕发出新的生机与活力，也是为了在降低乘客的分时租赁风险的同时，提升车辆的利用率，提升出行效率，推动绿色出行的进一步发展与普及。

正如谭奕所言："只要我们不改变，这个行业就不会改变"，谭奕正在用创新带领 GoFun 为绿色出行领域带来改变。

第 7 章
绿色制造:不再"靠山吃山,靠海吃海"

"靠山吃山,靠海吃海"是最常见的生活形态,一直延续了千年。但这一生活形态造成的粗放式发展模式,为环境、资源带来了巨大压力。为解决这一问题,企业需要通过绿色制造,减少能耗,提升资源利用率,减轻对环境施加的压力,实现经济效益与社会效益的双赢。

7.1 从制造绿色到绿色制造

"靠山吃山,靠海吃海"是我们祖祖辈辈的生存方式,在山耕种,在海捕鱼是最常见的生活形态。随着"绿水青山"发展理念的进一步传播,人们的环保意识也在逐渐增强,制造绿色已经成为人们生活的又一准则。

例如,大别山主峰脚下的罗田县九资河镇就是制造绿色的代表之一。当地风景优美、自然资源得天独厚,当地人世世代代"靠山吃山",以种植、售卖中药材谋生。

在市场经济的大潮之中,当地人们开始依靠砍伐树木,用粗放式的发展方式发家致富。该镇每年都会砍伐大量的树木做菌材,挖新土培新壤,种植茯苓、天麻等木本药材。虽然这一做法扛起了"天麻第一镇"的称号,但却是用生态环境换来的发展。

近几年,在绿色环保政策的推动下,当地人民的绿色环保意识得到了加强,开始改种草本药材,摒弃了砍树取木、挖山取土的粗放式木本药材的种植方式。草本药材和种庄稼一样,较为环保,其市场前景较广阔。2020年,该县的草本中药材产值将会突破10亿元。

九资河镇的发展历程,就是转向制造绿色的过程。这里的"制造绿色"并不是单指植树造林这种真正意义上制造绿色,还指那些能够为绿色环境带来正面影响的行动与实践。

制造绿色的实践在"量"的不断积累中,必然会带来"质"的变化,这个变化就是绿色制造的出现。制造绿色是人们对环境质量的需求,当这种需求累积的足够大时,这将不再是人们自身可以自给自足的需求,需要通过其他渠道获得满足。

绿色制造能够将多个渠道绿色化，满足人们不断增长的对环境质量的需求。绿色制造的主体是企业、生产商等。他们通过绿色制造，向人们提供多元化的环保绿色产品，在不影响环境质量的前提下，实现经济的发展。

例如，被列入高碳产业的钢铁行业，对环境的破坏较大，造成的污染较多。但在绿色环保理念逐步深入的情况下，在政府的支持下，开始寻找绿色制造的出路，打造绿色产业链，让钢铁企业逐步转型为环境友好型的企业。

该公司将制造绿色与绿色制造进行了有机融合，在整个产业链上寻求低碳解决方案，开创了一条制造绿色、开绿色制造的发展之路。

不仅是钢铁行业，其他行业的企业也开始走向绿色制造之路，将环保节能理念根植于制造的各个环节中，让"绿色、环保、节能、高效"成为企业生产制造的新标签，成为企业发展的行动指南。

7.2 绿色产业法：绿色生产的中坚力量

"一个细小的、瞬息即逝的期望，可以经常从纯自然的环境中产生出来，而一个强烈而持久的期望，则只能来自法律。"这是英国法律改革运动领袖边沁对法律的看法与认知。

绿色制造、绿色生产就是这样一个强烈而持久的期望，最初从生产带来的环境问题中产生模糊的概念，随着相关法律的问世，成为企业坚定不移的生产原则与方向。绿色产业法成为保障企业绿色生产的中坚力量。

一、绿色产业法推动实现绿色制造

绿色产业是法律法规引导而出现的产业，法律与政策通过"命令 + 控制"的方式，推动了以绿色产业为核心的企业的发展。

绿色产业产生的根源在于人民群众对环境质量的需求、对优质生活环境的追求。这些需求与追求，只有通过法律的途径，才能实现向市场需求的转化，才能让众多企业将绿色制造归入企业的生产与运营准则中。

在全球范围内，绿色产业法越完善、环保法规标准越严格的国家与地区，其绿色产业越发达。当地企业会主动积极地开展绿色制造活动，将绿色化贯彻到生产与运营的全过程中。

随着环保观念的深入人心，绿色消费意识的普遍增强，企业的绿色制造不再仅是法律政策"命令+控制"的结果，更多的是"命令+控制+市场需求+环保意识"的成果。由此可见，法律与政策对绿色制造的命令作用在弱化，逐渐从一个支配者转为辅助者，确保企业的绿色制造不受其他可控制因素的影响，保障了企业生产的绿色化进程。

随着绿色经济的不断深入发展，绿色产业法将会不断地被完善与改进，使企业的绿色制造逐渐规范化、系统化，这对于企业而言，是一个有力的保障。

二、绿色产业法推动经济与环境的"两手抓"

绿色产业法的本质是环境资源法的新子部门法，其体系建设是多维立体的。这是因为生态系统不是由单纯的"点""线"组成，而是由"面""体"构成的多维系统。绿色产业法的立法点更加注重区域性，突破了"点"与"线"（末端治理）的局限，更加注重"面"与"体"，如流域治理、生态工业园、立体农业相关的法规。

在绿色产业法的支持下，我国已经建立了较多的生态园区、可持续发展示范区等，许多企业已经着手于生态生产园区的建设。

如今绿色生产法已经不仅局限于环境与资源法，而是围绕绿色产业，制定出与清洁生产、清洁技术、生态工业园、生态恢复产业化、循环经济等相关的法律法规。从面到点，一一囊括，共同构建出保障企业绿色发展、绿色制造的法律体系。

不仅包含环境、资源等层面，还将经济发展、社会等因素加入进来，在注重环境效益的同时，提升经济效益。

绿色产业是新的生产力的体现，而绿色产业法是保障这一生产力能够顺利发挥效用的保障，相关政策还为绿色制造项目提供经济补贴与税收优惠。企业在进行绿色制造之前，应该了解相关法律法规，依法行动，将法律作为自身发展的利器，而不是将其看作是对企业的监视。

接下来，我们将去了解在法律法规的支持下，企业实现绿色制造的具体途径。

7.3 绿色制造的实现途径

绿色制造需要综合考虑环境影响与资源效率的平衡，让产品在设计、生产、包装、运输、回收处理等各个环节，将对环境造成的负面影响降到最低，提升资源的利用率，帮助企业实现经济效益与环境效益的统一。

那么，企业实现绿色制造的途径有哪些呢？

一、增加技术创新投入，加速产品优化升级

创新是企业永葆青春与活力的源泉，是驱动企业可持续发展的动力引擎。企业应该针对产品制造较为薄弱的环节，加强自身的技术创新意识，用技术创新为产品带来升级。

以陶瓷机械设备制造企业为例，通过技术创新，在干法制粉等原材料设备、高效压机成型设备、节能环保窑炉烧成设备等层面取得了较多成果，为该行业进军国际市场打下了基础。

技术创新不仅能够促动产品升级，提升产品的附加值，还能帮助企业解决能源供应不足、生产制造高污染的问题，推动企业的绿色改造与转型。

二、建立完善的废旧设备回收计划

随着经济与技术的发展，企业的装置设备也不断升级，更新换代已是平常事。在更新过程中，必然会有许多老旧的设备被替换，这些设备的处理也成为一个大问题。继续运转会造成更多能源的消耗与污染的出现，设备老旧又无法转手出售，闲置也会占据仓储空间。

针对这一情况，企业应该建立完善的废旧设备回收计划。将部分可以利用的设备进行升级改造，重新投入到绿色生产的流程中；与回收企业合作，将不能再利用的设备进行更加合理的回收处理。这样不仅可以节约资源、降低成本，也能减少污染物、垃圾的增多，推动了企业的绿色可持续发展。

三、建立系统的绿色设计方法

绿色设计是指产品在各个环节的质量、功能、环境影响的系统设计方法。其囊括了产品的生产前期准备工作到报废回收的各个环节，设计因素包含产品的绿色原材料的选择、绿色结构设计、绿色制造工艺、绿色性能以及高效的回收处理等。

如今，在大数据、人工智能等技术的支持下，建立绿色设计方法更为容易。企业可直接通过技术设备对产品生产的全过程进行实时监控，并通过云计算等技术，分析运算数据，及时发现生产过程之中还有待提高效率、节能减排的环节，从而制订相关的解决方案，提升产品制造的绿色化水平。

如今，绿色消费理念已经深入人心，消费者更愿意购买绿色产品，企业需要为消费者提供更多的绿色环保产品。绿色制造是企业在绿色经济时代中提升产品竞争力的重要途径。

在绿色制造的过程中，一些企业取得了一定的成效，这为其他企业在绿色制造层面提供了宝贵的经验。接下来，我们将从一些企业的绿色制造实践中，去探索绿色制造领域。

7.4 私人定制：绿色制造最完美的"打法"

换季了不会买衣服，网购的衣服总是不能达到自己的期望，这是不是一直困扰你的问题？

随着绿色制造的进一步发展，这已不再是问题。一些服装企业推出了私人定制服务，这不仅能满足消费者的个性化需求，还能让企业根据需求定制服装，避免服装囤积与浪费。

许多人可能一提到私人定制，就会联想到"贵"这一特点，但实则价格高低不等，并不是"贵"的代言词。

李晓，是广东某家提供西装定制服务公司的管理者。他表示，目前的私人定制服装领域已经与大数据相结合，可以快速实现成批成套的私人定制。由于面料、制作工艺等不同，价格会有高有低，价格的高低完全取决于消费者的选择。

该公司私人定制的后台智能系统，具有成千上万的人体数据，消费者可以输入自己的数据，匹配到最适合自己身形的西装；消费者也可以向人工智能表达自身的需求，从而设计出自己最想要的西装款式；除此之外，消费者还可以与在线人工客服聊天，进行更为细化、高端的设计，满足自身的需求。

下单后，该公司 7 天之内就可以制作出符合消费者个性化需求的西装，再加上物流运输需要 2～3 天，消费者一般在 10 左右便能收到成衣。

人工智能、大数据与私人定制的有效结合，可以提升私人定制的效率、降低成本。与传统的消费者自行购买的方式相比，私人定制的产品更能获得消费者的认可，从而减少退货、换货的情况，就这一点而言，减少了运输物流的能源消耗与污染排放，在一定程度上实现了绿色环保。

目前，服装定制已经成为服装绿色设计、绿色制造领域中的"新贵"，许多服装品牌开始推出私人定制服务。例如，耐克官网的 NIKE ID 专属定制；男装品牌报喜鸟成为网络定制品牌的股东之一，并在天猫旗舰店推出定制服务；e 服私坊服装定制平台订单量不断增加等。

服装私人定制类 APP 也已经起步，在产品的定位、功能、结构、设计以及生产流程等环节都有了一定的突破，但绿色化水平仍有较大的提升空间。

据相关报道，中国的高级定制市场总容量突破了上亿元，私人定制市场的竞争仍旧处于蓝海状态。这对服装企业而言，是发展的重大机遇。服装企业应该紧抓机会，将绿色制造与私人定制结合，提升自己的竞争优势，在私人定制领域中占得一席之地，并不断扩展自身的市场份额，实现绿色可持续发展（见图 7-1）。

除了服装的绿色私人定制，其他产品的绿色私人定制也开始成为新潮流。小到私人定制茶杯、私人定制鞋子等，大到私人定制汽车、私人定制飞机、私人定制游艇等。绿色私人定制领域的前景一片光明。

优势（Strengths） 线上私人服装定制比传统定制更高效，耗能排污更少；用户参与设计，满足用户多样化和个性化的穿衣需求，减少退货、换货情况	劣势（Weakness） 与传统成衣相比，私人定制周期长，某些消费者可能会反复修改，导致成本高、售价高，消费群体定位相对较狭窄
挑战（Threats） 绿色服装定制市场不成熟，绿色技术还有待创新，私人定制平台的知名度无法与传统品牌服装商抗衡	机遇（Opportunity） 绿色私人服装定制领域尚无巨头，市场尚未饱和，竞争处于蓝海状态，其市场需求量大

图 7-1 绿色私人服装定制的 SWOT 模型

从私人定制的各个环节来看私人定制是服装企业实现绿色制造的最完美的手段与方式，通过线上定制服务与线下实体店服务，满足消费者的更多需求，减少不必要环节，实现节能环保。相关企业可以根据自身的实际情况，推出相应的私人定制服务，提升生产制造的绿色化水平。

7.5 【落地实践】"绿色制造+智造"：日立在华发展的新动力

今天在办公室，与同事们谈到了电梯能耗问题，并对市面上榜上有名的电梯进行了一番比较，最终还是认为日立电梯理应拔得头筹。

谈起日立，我们一般都会想到日立电梯、空调、洗衣机等家用电器，但日立并不仅局限于这一层面，其涉及面极广，例如内燃机、变压器、工程机械、电脑、自动取款机等都在其生产与销售范围之内。

早在改革开放初期，日立便已经入驻中国市场，发展至今，在中国已经拥有了180多家公司、5万多名员工。仅在2014年，日立在中国的销售额就达到600亿人民币，在其总销量中占比12%。

如今，我国正处于绿色经济时代，日立也紧跟时代潮流，将"绿色制造+智造"作为自身发展的新动力，并通过绿色技术赋能于"绿色制造+智造"，打造"绿色制造+智造"方案，为绿色环保产品增添市场活力与生命力。

以下是日立在中国市场的一系列"绿色制造+智造"方案，对许多致力于绿色生产与制造的企业具有借鉴与启发作用。

一、大力生产并推广绿色环保产品

目前，社会对环境问题的解决与低碳化进程的重视程度逐渐加深，尤其是在水、空气等资源的节能上异常敏感。

在这一背景下,日立不仅把握了提高大众的环保意识、生产绿色环保产品的需求,同时还利用自身的技术优势,不断提升绿色环保产品的性能,让消费者能够感受到更优质的绿色消费体验与绿色服务,促进低碳化经济的发展。据相关数据显示,日立环保产品的销售比率已经达到了93%,且推动效果较为显著。

日立电梯是我们最为熟知的日立产品,也是一款落实绿色制造理念的典型产品之一。日立电梯在开发环保产品的具体实践有:

将无机房、能量再生、永磁同步电机等技术运用到电梯的研发中,减少电梯的能耗,达到环保目标。其中永磁电机与传统电机相比,可节约30%的能耗。

能量再生主要依托能量反馈技术,根据载物轻重的不同,电机也会呈现不同的工作状态。当电梯载物较重且处于下行状态时,如果下行的速度超过电机的速度,电机就会进入发电状态,将电流输送给电网,从而达到能量再生、降低能耗的目的。

除此之外,日立电梯内部全部采用LED照明,实现节能目标。日立电梯还与废弃物处理厂携手,将污泥与涂装残渣进行二次加工,制造成砖块,在降低污染的同时,实现了资源的循环利用。通过资源与能源的节约,将制造电梯的碳排放量降低了四成。

日立电梯中的每一个部件的制造几乎都离不开绿色节能环保运输,通过先进的技术,真正将绿色制造落到实处。

二、医药领域的"智能制造"

根据《中国制造2025》的内容显示,目前中国实施的五大工程的核心便是智能制造工程。日立围绕智能制造工程提出了一些类绿色制造解决方案及项目。

在医药领域,日立创建的医药生产管理系统"HITPHAMS",可以对原药生产到药剂制造的整个生产链进行实时监控,在称量制药、包装等各种药品生产流程实现系统化,并严格按照药品生产指令与参数进行智能管理。这不仅可以提高生产制药的效率与管理效率,而且还可以保障药品的高质量与可靠性。

人口增长与公共医疗保险的推广，使中国药品市场正在逐年扩展。为了促进药品市场质量的提升，我国制药企业也应该按照标准提高药品的质量，保障药品安全。日立在医药领域内的"智能制造"，系统已经被中国制药企业引进，并在其子公司——欧意药业的第五车间投入使用，极大地提升了生产线的呈现效率，提升了药品生产的规范性。

日立在医药领域的绿色制造，为我国医药企业带来了技术方面的支持，提升了药品绿色生产与制造效率，促进了药品市场的绿色化发展。

除了医药领域之外，日立还为食品加工领域的企业提供了一款数字综合监控系统——HIDIC-AZ，能够对食品生产加工的全过程进行实时监控，为食品行业的绿色化发展提供较为合适的解决方案。

三、推广"共生自律分散"概念，创造新价值

在绿色制造与智造层面，日立还提出并推广了"共生自律分散"的概念，即通过与企业的合作，达到共生共赢的状态，从而促进整体的最优化调整。例如，日立在绿色智能采购方面做得颇为顺畅，通过与多个系统、机器、设备的连接，迅速实现价值的创造。在我国，这一概念将日立的零部件采购成本降低了10%~20%，效果显著。

在未来，这一概念将不会只在日立内部延伸推广，而是进入我国的各个领域与行业之中，为绿色经济的发展创造新的价值。例如，在汽车零件商与汽车生产上，就可以依托这一概念，通过对双方数据的收集与分析，寻找双方对接过程之中存在的问题，并及时解决，提高生产整车的效率与质量。

在绿色制造与绿色智造理念的驱使下，"产品—解决方案和服务—智能化平台"价值链条正在日立成型，并有着向其他企业辐射推广的趋势。

日立的绿色制造与制造不是只顾一家之力，而是在自己取得成效后，将自身的应对环境问题、绿色制造的技术经验传授给更多企业，帮助他们解决难题，真正做到了"达则兼济天下"。作为外企尚且如此，我国本土企业应该以更宽广的心胸去践行绿色制造。

第 8 章
绿色金融：资本的下一个出口

绿色金融是企业发展绿色经济必不可少的因素，为企业提供了众多融资渠道，如绿色信贷、绿色债券、绿色基金等，是企业最快的融资方式。企业通过绿色金融工具，将更多的资金引入绿色项目，又通过绿色保险、天气衍生品等降低绿色项目的风险，从而促进自身的绿色发展。绿色金融，将成为企业发展绿色经济的资本入口。

8.1 绿色金融：企业最快的融资方式

随着绿色金融的发展，各个绿色金融工具已经成为企业的最快融资方式。当许多企业已经进入绿色金融的"风口"时，还有一部分企业仍在观望。本节内容，主要介绍企业进入绿色金融的必要性，使企业能够及时赶上绿色金融的"顺风车"，获得开展绿色项目的启动资金。

在了解绿色金融的重要性之前，还需要先对绿色金融的内涵进行一定的了解。

绿色金融又称低碳金融、环境金融、可持续金融，是为支持环境改善、应对气候变化、节约资源、高效利用资源的经济活动，是对环保节能、清洁能源、绿色交通、绿色建筑等领域项目提供的金融服务，能够对绿色项目的风险管理、运营、融资等层面起到促进作用。

目前，在绿色金融领域，企业运用最多的是绿色信贷、绿色保险、绿色基金、绿色股票、绿色债券等绿色金融工具。其中，绿色信贷、绿色证券、绿色保险是主要的环保型投融资产品。

绿色信贷一般是国家通过银行信贷行为的调整，"为了实现环保目标或者根据银行自身的经济环境政策，对环保企业和机构提供贷款扶持和优惠利率等措施"。绿色证券就是上市企业在上市融资的过程中，由生态环境部通过审核后发行的证券，绿色股票、绿色债券等都属于绿色证券。绿色保险是企业购买的能够防范环境污染风险的商业保险。

随着绿色经济的进一步发展，许多企业都开始向绿色企业转型，对这些绿色金融产品的需求也在逐步增大。这些需求主要来源于社会对环境质量的追求与对可持续发展的认可，这也是企业必须发展绿色经济的原因。一方面，企业发展绿色经济必将涉及绿色产业的发展、绿色技术的革新，以及绿色基础设施的建设等，需要大量资金的支持。这需要企业通过金融机构广泛吸纳资金，为企业绿色工作的开展提供资金支持。另一方面，社会各方都十分关注企业绿色经济的发展，这让市场上的投资观念发生该改变，投资者更愿意投资那些能稳定发展、具有可观收益的绿色项目。这需要金融机构在其中充分发挥作用，将更多的社会资金吸引到更多的绿色项目之中，从而促进社会资本资源的合理分配，全面推动绿色产业的发展。

由此可见，绿色经济的发展对绿色金融的发展产生了重大影响，而绿色金融又对绿色经济形成了反作用，为企业提供融资渠道，推动绿色经济的发展。

除此之外，环境污染与资源枯竭问题是推动绿色金融发展的另一重要因素。

环境污染问题往往与能源问题挂钩。化石能源通过多年的开采已经呈现出供应紧张的状态，无法为企业的可持续发展提供充足的动力，而且随着能源的消耗，还会排放出大量二氧化硫、碳氧化物和 PM2.5 等污染物，造成严重的大气污染与环境破坏。这些问题显示出企业急需调整自身的能源结构，减少污染排放，而能源结构的调整需要大量的资金投入。

综上所述，发展绿色经济必须依靠绿色金融，通过各种绿色金融工具成功融资，获得资金支持，进行有效的风险管理，最终推动企业的可持续发展。

8.2 绿色信贷：摆脱"呆账""死账"，提升商业银行的经营绩效

根据专业的名词解释，"绿色信贷"是指"金融机构依据国家经济环境政策

和产业政策,对研发和制造污染治理设施、从事生态保护与建设、开发利用新能源、从事循环经济生产制造和生态农业的企业或机构提供贷款扶持的政策手段,是绿色金融的一种具体有效的形式,是政府运用经济杠杆推动环保事业的重要手段"。

看完上述一大段官方性质的描述,不了解绿色信贷的人可能会觉得云里雾里,那我们换接地气一种说法,为了方便理解,下面以蚂蚁花呗为例,一起揭开绿色信贷的神秘面纱。

一、绿色信贷的含义与实践

想必使用支付宝的朋友们对蚂蚁花呗并不陌生,你可以超前消费,本月用花呗支付,下月再还。蚂蚁花呗会根据每个人的信誉表现、偿还能力、消费情况给出不同的花呗额度。这就是信贷的一种,即以信誉为保障的借贷服务。

而绿色信贷只是将服务对象由消费者转向为开展绿色项目的企业或机构,提供服务的主体由支付宝蚂蚁花呗转变为银行等金融机构,而政府是将金融机构与开展绿色项目的企业连接起来的桥梁,在金融机构方,则鼓励投入资金支持绿色发展;在绿色企业方,则鼓励通过绿色信贷的方式筹集资金开展绿色项目。

在这一过程中,绿色企业开展的绿色项目可以从银行等金融机构处获得低息贷款、无息贷款、信贷周期延长、贷款贴息等支持;而对于给予企业贷款的银行等金融机构也会获得政府的贴息。通过实现金融机构与绿色企业的双赢,促进绿色环保事业的开展。

以安吉农商银行为例,该银行在得知安吉县对金融服务的需求量大时,根据自身网点多、覆盖面广的优势,在安吉县大力推广惠普金融工作。

在安吉,小微企业占比已超过80%,在绿色贷款方面有较高的需求。于是安吉农商银行为农户、个体工商户、小微企业主提供绿色信贷,实行批量授信、集中签约。除此之外,还开展了免担保的信贷方式,并提供上门服务。

目前,安吉农商银行已经对96086户农户家庭给予了信用授信,授信总额度突破了124亿元。其中，有32945个农户家庭通过绿色信贷获得了家庭经营与消费层面的经济支持。

安吉农商银行的绿色信贷不仅提升了农户、个体的人员的生活水平，还为微小企业的发展提供了经济支持，促进了企业的绿色发展。

以上案例就是对绿色信贷的重要实践，为其他金融机构做出表率。资金是地方经济活动的重要血液，银行作为地方金融枢纽的重要组成部分，可以充分发挥其信贷资金引导当地经济活动的作用，引导当地进行发展转型。安吉农商银行的做法，在推动自身转型的同时，促进了当地经济的发展。

由此来看，绿色信贷是银行摆脱"呆账、死账"、活用资金的有效工具，能够促进当地经济的发展与商业银行自身的经营绩效。

二、商业银行发展绿色信贷的注意点

绿色信贷与传统信贷相比，在经营理念、政策、业务流程上、风险管理等方面都发生了巨大变化。

商业银行的绿色信贷的经营理念为：追求绿色利润的最大化，积极承担环保的社会责任，扩大社会的绿色影响力，充分发挥自身的作用。

在政策层面，不仅要遵循传统信贷的政策标准，也需要将企业的绿色声誉与相关环境因素纳入标准之中，并以国家环保部门的意见为参考，发放信贷，促进环保产业的发展。

在业务流程上，由银行与环保部门共同参与评估过程，当企业与项目同时满足两部门提出的标准与要求时，企业才能通过绿色信贷实现融资。

在风险管理方面，环保技术、绿色信贷政策、环境等因素都可能会带来风险。例如，严重的地方保护主义、企业自身的环保信息的不透明以及环保沟通机制的不顺畅等问题，都能带来风险。因此，作为商业银行，要将各方力量发挥到极致，用绿色信贷驱动绿色发展。

（一）建立绿色信贷产业的指导目录

对于银行而言，发展绿色信贷的难点在于：哪些企业、哪些项目可以获得绿色信贷支持？如何有效判断产业与项目是节能减排的？

针对这些问题，银行可以将绿色信贷产业的指导目录运用到银行的日常经营中来。该目录是由环保专业人士制定的，具有高标准的特点，在获得行业协会、人民银行与银监会的认可后，作为银行绿色信贷产业的指导标准。

该目录将绿色产业与项目进行超强的细分，能够作为判断绿色产业与项目的标准。对不达标的企业，实行一票否决，不予授信。

（二）设计绿色信贷推行路径

随着绿色经济时代的到来，银行的治理结构也发生了变化，这将为绿色信贷业务的正常开展带来不小的影响，要求银行能够及时调整绿色信贷的推行路径，促进绿色信贷的发展。其具体的调整路径如下：

其一，根据投资者目标的变化进行设计。投资者对绿色项目的投资目的，不仅在于经济效益，而是将环境效益、社会效益以及公司控制等方面都纳入考虑的范畴之内。特别是那些因社会因素而投资的个人或企业，对银行的经营会产生较大的影响。因此，鼓励具有环保意识的投资者参与投资，能够更好地促进银行的绿色运营。

其二，根据银行治理模式的变化进行设计。传统商业银行的治理模式的核心是维护股东的利益。而随着经济的持续发展，商业银行的治理模式将社会责任放在了重要位置。

商业银行的股东大部分是通过购买股票获得股权的投资者，如果银行无法保证投资者的利益，将会流失许多投资者。因此，应该强化投资者权利。例如，投资者提出关于绿色信贷的要求，将会成为银行考虑的重要提案等。这不仅能够确保投资者长远利益的实现，也能推进银行的绿色信贷业务，提升业绩。

（三）银行应实行客户分级管理

银行可以将获得贷款资格的企业根据风险高低划分级别。鼓励那些符合政策规定、业绩突出、稳定发展的绿色企业；对那些长期超标排放、有重大环境污染隐患、减排工程落后的企业，采取预警态度；对于那些高污染、高能耗、国家严令禁止并对公众造成威胁的企业采取限制行动。

通过将企业划分为鼓励、预警、限制三个级别，并分别采取不同的措施，能够保障银行的绿色信贷的正常运行，引活绿色项目、绿色企业的资金链条，促进绿色发展。

绿色信贷是银行摆脱死账、引活资金的重要工具，不仅能够提升银行自身的经营效率，还能够承担相应的社会责任与义务，推动环保事业的开展。商业银行应该在把控绿色信贷标准与企业环境信息、投资者目标等信息的基础上，开展绿色信贷服务，实现绿色化发展。

8.3 绿色保险：促使企业加强环境风险管理

提到保险想必大家都不陌生，它是一种降低某方面风险的金融工具，例如医疗保险，可以降低患病带来的经济风险。而绿色保险则是帮助绿色企业在发展绿色经济过程中，规避风险的重要金融工具。

接下来，我们将走进绿色保险领域，探索如何通过绿色保险促进企业发展绿色经济。

一、绿色保险的含义

绿色保险起源于20世纪80年代的美国。在20世纪70年代，环保理念在美国快速传播，之后环保浪潮席卷了西方诸国。随着环保事业的繁荣，绿色保险也随之出现，并在绿色经济的发展浪潮中，获得了较大的提升空间。

绿色保险是由公众责任保险发展而来，是企业在开展绿色项目时主要运用的金融保险工具。绿色保险是指"以被保险人因玷污或者污染水、土地、空气，依法应承担赔偿责任作为保险对象的保险"。

其中，绿色污染责任保险是企业最常运用的绿色保险，涉及环境权的各个层面，例如清洁空气权、清洁水权等。

这类保险设置了严格的界限与限制。保险公司只会针对突然发生或者意外发生的污染事故承担相应的保险责任，并进行赔偿。将那些恶意、故意破坏的污染事故排除在外。绿色保险是企业发展绿色经济的风险规避工具，而不是投机者谋取不义之财的工具。

除了承保条件严格之外，绿色保险的经营风险较大，一般都需要在政府的扶持之下，才能顺利地开展。一般而言，污染问题的责任错综复杂，污染问题一经出现，绿色保险人将会面临巨额的赔偿。因此，金融机构发展绿色保险业务，不仅需要获取政府的支持，还需要借助多元化的环保力量。

在多方力量的支持下，绿色保险将会得到更加宽广的发展空间。

二、绿色保险的意义

绿色保险对于绿色金融发展有着重要的现实意义。对于绿色企业而言，能够减少开展绿色项目的风险；对于金融机构而言，能够广泛吸纳社会上的资金，促进自身的发展。绿色保险可以看作是多方利益的共同结果。

（一）实现经济与环境的双效合一

2007年，原国家环保总局与原中国保监会联合出台了《关于环境污染责任保险的指导意见》，它是我国正式建设环境污染保险制的规划图。

绿色保险的赔偿与企业项目的污染程度呈正比关系，保险公司在较大程度上控制企业的污染，防范重大污染事件的出现，从而避免承担赔偿责任。保险企业的监督与控制，会使企业降低项目的污染程度，对环境友好。

出现污染事故之后，由保险公司赔付被害者，一方面使企业避免了因事故而破产的风险，另一方面使政府可以减少在环境保护与污染治理层面的资金投入，减轻了政府的财政负担。

绿色保险在保障政府、企业、保险公司共同利益的同时，还减轻了对环境的破坏，实现了经济效应与环境效应的"双赢"。

（二）转移风险，降低企业经营负担

环境污染的特点是：受害区域广阔、受害人数较多、污染治理与污染赔偿的金额巨大，一般企业没有赔偿污染受害人的财力基础。即便部分财大气粗的企业可以全额赔偿，但在短期内拿出一大部分现金，必然会对企业的发展与运营带来严重影响。

如果企业投保绿色保险，则会在污染事件发生后，转移风险。通过少量的资金投入，便能减少未来企业发展的风险，为企业带来一个更加稳定的未来，这是一笔十分划算的买卖。

从保险企业的角度来看，保险企业为了降低赔付率，必然会对企业的项目进行严格的监管与调查，在调查过程中发现的问题与隐患，会及时反馈给企业，帮助企业及时做好防范措施，从而降低污染事故发生的概率。

在许多环境污染事故中，最终的负责人是政府，绿色保险的风险也将会分摊给政府。这样，政府、保险公司与企业将会各自承担部分风险，为开展绿色项目提供了保障。

（三）增加环境污染治理的参与者

我国是发展中国家，与发达国家相比，在污染治理层面还存在一些问题。目前，我国，已经成为世界上污染程度最高的国家之一，污染治理与环境保护是我国发展绿色经济不可跳跃的阶段。

而环境污染的治理并不仅是政府的责任，也是每个社会公民应该承担的责任与义务。绿色环保，将各个领域的企业、个体经营者、金融机构、保险企业等都拉入到环境污染治理的过程中。通过聚集多方力量，解决环境纠纷，分散绿色项目风险，最终促进环保事业的发展，促进各领域的可持续性发展。

（四）解决环境纠纷，保障公众的环境权益

近年来，随着绿色经济的不断发展，在制度与机制还不完善的前提下，环境纠纷事件逐年递增，对公众的环境权益造成了较大的威胁。

环境纠纷问题出现的原因在于，企业造成环境污染，但不具备治理污染与

赔偿受害者的能力。除此之外，高额的诉讼费用与长期的诉讼过程，使大部分受害者都无法获得赔偿，或者所获得的赔偿不足以弥补损失。这种情况的出现，会让一部分受害者采用极端手段，不利于社会与治安的稳定。

而绿色保险的出现，则可以让保险公司与政府承担一部分赔偿责任，并降低公民解决环境纠纷的成本，有效地保障公民的环境权益。

绿色保险是企业发展绿色金融的重要环节，是企业加强环境风险管理的重要金融工具，不仅有利于企业的发展，也对整个社会与环境带来了正面影响。目前，绿色保险正在转向农业、商业养老等领域。未来，绿色保险的发展将会呈现新气象。

8.4 绿色债券：企业绿色项目融资的债券工具

2016年是中国绿色债券元年。5月20日，浙江嘉化能源化工股份有限公司在上交所成功发行绿色债券，这是首单在交易所发行的绿色债券。

随后，北控水务集团也跟进绿色债券的发展热潮，成功发行了绿色债券，这是首个可续期的绿色公司债券。

博天环境紧跟其上，成功发行绿色债券，这是首个由非上市民营企业发行的绿色公司债券；三峡集团发行了当时规模最大的绿色公司债券；中国节能环保集团，发行了国内首单以央企总部为发行主体的绿色公司债券……

根据相关数据显示，2016年，发行的绿色公司债券数量在绿色债券总额中占比28%，发行的规模占比9.19%。由此可知，绿色债券在问世之后，就备受关注，成为各个企业争先进驻的领域，试图通过绿色债券的发行，获得融资，促进自身的发展。

一、绿色债券的现状

在上述内容中提及的绿色公司债券是绿色债券的一种。绿色债券实质上就是指"专门为环境保护、可持续性发展等具体绿色项目而融资的债券或债务性证券"。

早在2014年,我国企业就已在绿色债券领域做出了具体实践。2014年5月8日,中广核风电发行了中国第一只"碳债券"——"14核风电MTN001",这是企业在绿色债券领域中的首次实践。

2015年7月,新疆金风科技股份有限公司发行了中国第一只由第三方机构认证的绿色债券。同年10月,中国农业银行发行了绿色金融债券,发行规模达10亿元,这是金融机构在绿色债券领域中的首次尝试。

2016年1月,浦发银行发行在绿色金融市场上首次"贴标"的绿色金融债券,首期达到200亿美元。同年5月,云南省能源投资集团完成了首次绿色非公开的定向债务融资债券的发行,成功融资5亿元。

2017年,全国首单融资租赁绿色债券成功发行。2018年,首单由央企为主体发行人的可续期公司债券成功发行。这一债券的融资资金将会用于新华水利绿色产业开发项目中,通过对风能、太阳能等清洁能源的开发与利用,为绿色项目提供可持续的能源。

目前,绿色债券的发展依然呈现出上升趋势,这为企业的发展带来了新的机遇。

二、绿色债券对企业的现实意义

绿色债券不仅促进了绿色项目的更好开展,推动绿色经济的发展,还为发行绿色债券的企业带来实际利益。

(一)为企业提供了新的融资渠道

企业在开展绿色项目时,通常会面临融资难、收益风险大的痛点。对于传统的、非绿色的企业而言,其融资渠道呈现多元化的特点,例如股票、债市、私募基金等渠道。但绿色企业由于收益的不稳定、回报周期长,造成了融资渠道的单一化。

一般而言,绿色信贷是绿色企业融资的首选方式,绿色信贷融资在融资总额中的占比达到60%。

而绿色债券的问世,解决了绿色企业融资渠道单一的问题。其流动性高、风险低、成本低的特点,使其能够成为绿色企业成功融资的新渠道与新工具,为企业的绿色发展提供资金保障。

(二)帮助企业解决期限错配问题

企业开展的绿色项目周期较长,如植树造林等绿色项目。某些大规模融资的绿色项目的期限有28%超过了10年。而银行负债端的期限只有半年,这就会为企业造成期限错配问题,不利于企业绿色项目的顺利开展与完成。

随着生态环境问题重视程度的加深,认购绿色债券的主体成为责任投资者、主权基金、养老基金等机构,这些机构的投资特征呈现出长期性,这正好与回报周期长的绿色项目相匹配。

因此,企业发行绿色债券不仅可以帮助绿色债券金融机构优化投资者结构,也能解决企业自身的期限错配问题,获得长期的绿色融资,推动大规模、高投入的绿色项目的开展。

(三)降低企业融资成本

通过绿色债券获得的融资的使用范围较狭窄,一般用于绿色项目。而这些项目都能够获得政府提供的一定的补贴,享受到税收优惠政策,这对于企业发行绿色债券具有重要的正面影响,会降低企业的融资成本。

除此之外,绿色债券还能促进污染大、能耗高的棕色经济实现绿色化的转型与升级,这是绿色、可持续发展的必然趋势。再加上绿色环保理念的深入人心,资本市场更加青睐绿色项目。在政府、市场与绿色债券带来的环境效益的影响下,能够在最大程度上降低企业的融资成本。

(四)改善企业中长期的财务情况

企业在发行绿色债券时,需要支出额外成本,主要包括:启动绿色债券框架需要的资源费用；建立相关程序所需的资源费用；项目选择、管理、检测、信息披露、认证的费用；资金专户专用费用等。

虽然这些费用在前期投入中占比并不低，但从长远发展的角度来看，这些成本费用将会被抵消。企业开展的绿色项目的"绿色化标签"是吸引其他投资者的关键点。这些多元化的投资者不仅能够降低企业的融资风险，还能改善企业的中长期财务情况，为企业带来长远的利益。

投资者考虑到自身投资项目的稳定性与盈利性，投资者有很大可能会购买统一企业发行的普通债券。当企业的财务出现状况而难以为继时，多元化的高忠诚度的投资者将会是企业的有力后援。

而企业在前期发行绿色债券的投入，相当于为后来的风险支付的保险金，将会在后面长期的投资过程之中被抵消。

（五）提升企业在市场中的形象

企业发行的绿色债券所获得的融资，一般都用于绿色项目。这些绿色项目一般都关系到社会环境问题。

企业在发行绿色债券后的宣传，会向投资者、消费者、广大群众传递出绿色、可持续发展的理念与发展战略，这在一定程度上有助于企业打造绿色企业的形象，提升自身的绿色影响力，从而提升市场形象。

发行绿色债券对发行企业也提出了严格的要求，这推动了企业树立自身的绿色品牌与信誉。例如，发行绿色债券后需要对绿色项目进行追踪，并根据追踪的结果不断调整企业内部的管理、运营结构，促进企业的绿色化发展，成为公众的绿色企业。

绿色债券作为企业的融资债券工具，对企业的绿色发展有重大的现实意义，在促进自身绿色发展的同时，也传递了环保理念，将环境效益发挥到最大。绿色债券在今后的较长一段时间内，是绿色企业解决融资难问题的有效工具。

8.5 与气候相关的金融衍生品

在我们的印象中,天气就是春雷冬雪、夏雨秋风等气象变化,但天气又怎会和金融产生联系?

天气与金融的渊源还需从1992年迈阿密安德鲁飓风说起。这场飓风在美国肆虐,造成30万人流离失所,大片农作物被毁,给人们的财产与人身安全造成了威胁。在此之后,应对天灾的保险与巨灾债券出世,主要目的在于有效降低天灾对相关企业以及农民带来的风险和损失。

巨灾债券与保险就是与气候相关的金融产品,又称为天气衍生品,就是以天气情况(如温度、降水量、风力等级等)为风险指标设计的金融工具。

如今,全球变暖成为人们热议的话题之一,对天气的关注越来越多,这使针对这一方面的天气衍生品也异常火爆。天气衍生品的出现,突破了传统金融衍生品交易主体与交易工具的限制,丰富了金融衍生品市场。

一、天气衍生品的出现

在1996年,美国能源公司创立的一种新型风险管理工具,将企业与农业的天气风险转移到有能力并且愿意处理这些风险的第三方上。这种风险管理工具就是天气衍生品的前身。一经问世,就吸引了保险业、银行业、零售业、农业、建筑业、交通运输业以及基金业的目光,纷纷加入其中。

1997年,美国科赫能源与安然良家企业,将1997—1998年密尔沃基州的冬季气温作为参考指标,并基于气温指数开展了一个天气衍生品交易,受到了业界人士的广泛关注。这被认为是天气衍生品诞生的标志。

这一交易打开了天气衍生品市场,在此之后越来越多的天气衍生品出现在人们的视野中,并利用天气衍生品来规避天气变化带来的风险。

二、天气风险对经济的影响

巨灾、天气的剧烈变化、环境问题(如酸雨、土地污染等)虽然都局限于特定的区域，但会影响许多金融产品的价格，有可能对所有企业、产业、经济体都造成较大的影响。因此，天气衍生品、巨灾债券保险产品诞生，为企业等降低因天气变化而带来的发展风险（见表8-1）。

表8-1 部分行业面对的天气风险

面临风险的行业	天气风险指标	风险
能源行业	温度	暖冬与凉夏的收入会减少
饮料商	温度	凉夏饮料的销售量会减少，收入降低
建筑材料公司	温度、降雪量	严寒与积雪会使建筑工地停工，使建筑材料的销售量减少
滑雪场	降雪量	降雪量少，会使收入减少
农业	温度、降雪量	极端的天气，会使农作物减产，造成损失
积雪盐生产商	降雪量	降雪量少，收入减少
水力发电企业	降水量	干旱时发电量不足，会减少收入

而天气风险是天气变化带来的现金流与收益的变动，如大暴雨、暴雪等天气对企业与个人财务造成的负面影响的程度。从表8-1可知，不同的行业面对不同的天气，会有不同的风险。天气的好坏，不仅是一个环境问题，也是一个主要的经济因素。

三、天气衍生品市场的现状

天气衍生品面世之后，虽然受到了各行各业的追捧，但并未得到预期的爆炸级的增长。目前，天气衍生品仍然处于平稳增长的上升阶段，其发展主要体现在以下层面：

（一）市场参与者类型的多样化

早期的参与天气衍生品的主要对象是能源行业，但随着天气衍生品的继续发展，能源行业的领先地位受到威胁，农业、零售业、交通业等天气风险敏感的行业后来居上，纷纷加入天气衍生品市场，规避天气变化带来的风险（见图8-1）。

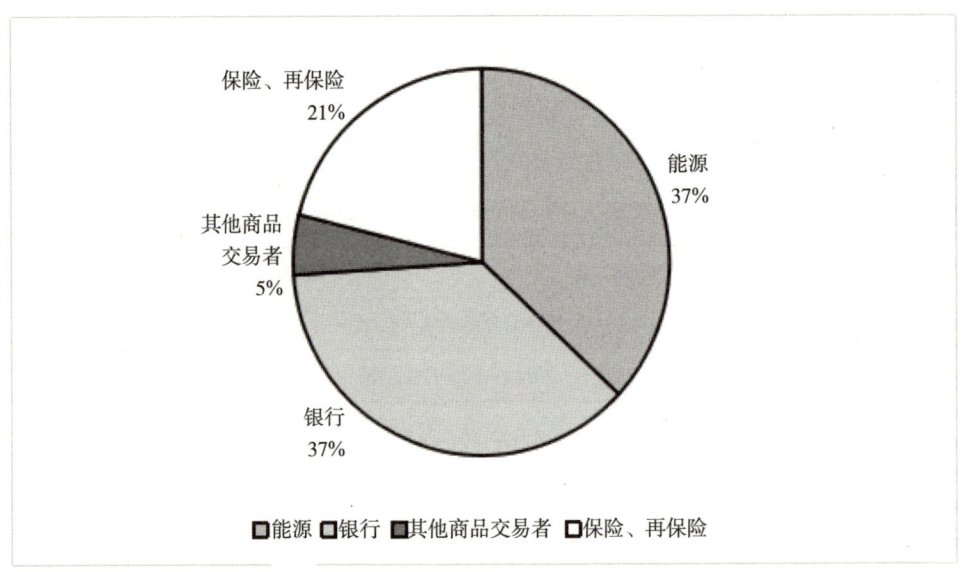

图 8-1 各个行业在天气衍生品市场的比重

由于天气衍生品合同的流动性与效率的提高，收益与其他金融资产的收益不相关，逐渐吸引了商业银行、保险公司等企业与机构的投资，这推动了天气衍生品市场的发展。

（二）交易品种多元化

天气衍生品交易主要集中在美国取暖指数与制冷指数的气温合约上，但其他天气风险的交易的市场份额也在逐步提升。上述两种交易合约所占的市场份额已经从1998年的100%，降到了2004年的91%。这说明其他种类的天气衍生品正在逐渐增多，交易品种开始呈现多元化发展。

（三）交易额与交易数量的迅猛增长

天气衍生品的交易数据除了在2002年有小幅度的下降之外，在其他年份都呈现出增长趋势。

根据美国天气风险管理协会在2008年做的调查，从2000年至2007年，天气衍生品交易额从29亿美元增长到580亿美元，短短7年时间，交易额实现了20倍的增长。交易增长速度从侧面说明，天气衍生品市场还有很大的潜力与发展空间待发掘。

四、绿色金融发展过程中的天气衍生品

随着人们对环境问题、天气变化敏感度的提高，天气衍生品市场的进一步扩展已经成为必然趋势，并推动了绿色金融的发展。

与传统的金融衍生品相比，天气衍生品在市场上主要扮演着投机者的身份。天气衍生品的收益与其他金融资产收益不挂钩，如股票、债券的收益。各种金融机构可以通过合理买卖天气衍生品，获得较高的利润和较小的风险。这一特征会吸引更多的金融机构、投资企业进入天气衍生品市场，从而提升市场的流动性与运转效益。

而天气衍生品市场也会涉及一些绿色项目，例如植树造林等与天气联系紧密的项目。该市场的流通性与效率，会为绿色项目吸引更多的投资者，从而推动绿色项目的开展。而绿色项目往往会与绿色保险、绿色债券等金融工具相关联。

由此可见，天气衍生品市场与绿色金融领域息息相关，会带动绿色金融的发展。企业在进入绿色金融领域时，可以考虑根据自身的实际情况合理购买天气衍生品，实现经济效益。

8.6　金融行业实施绿色金融四大措施

目前，绿色金融正处于上升阶段，但节能环保产业仍有融资难、融资贵等痛点，这是阻碍金融行业发展绿色金融的"拦路虎"。要解决这些痛点，相关企业可以从以下措施入手，在实践中逐渐解决痛点问题。

一、沿着政策框架推动绿色金融

最近,节能环保部门发布了一系列推动绿色金融发展的政策,金融监管部门推出了多项绿色金融领域的规章制度,共同推进绿色金融的发展进程。

2018年5月召开的全国生态环境大会发布了《关于全面加强生态环境保护坚决打好环境污染防治攻坚战的决议》,表明了绿色发展是我国必将进行到底的战略。这为相关企业积极发展绿色金融,提供了强力定心丸。

除此之外,生态环境部门也推出了相关优惠政策,例如环保设备企业所得税可以获得优惠;还与证监会协作,将上市企业环境信息透明化,并开展企业环境信用评估;推出环境污染强制责任保险等。这些政策与制度为企业与金融机构发展绿色金融造了有利条件。

在企业层面,政策的出台,可以让企业开展绿色项目时,获得更多的优惠,能够加快绿色项目的融资速度,构建自身的绿色指数,提升自身的绿色信用等级。在金融机构方面,相关政策可以推动金融机构对绿色项目与企业的投资,鼓励私募股权投资基金和创业投资基金,为企业开展绿色项目提供资金支持。

相关部门出台的政策在推动企业与金融机构密切合作的同时,推动了绿色金融领域的法制化、规范化,促进了绿色金融与绿色经济的可持续发展。

二、多措并举支持绿色金融的发展

首先,市场的力量往往是企业与金融机构发展的重要力量。出现绿色金融体系逐渐完善但环保企业融资困难情况,根本原因就在于市场的力量未得到有效的利用,导致绿色投资成本与回报不对等。

因此,利用市场力量进行有效的定价,统一规范平台交易,增强绿色新项目投资者的认可,都是解决企业融资困难的有效手段。

其次,先进的科学技术是驱动绿色金融可持续发展的动力源泉。科技的进步与创新将原本无法计量的外部因素转变成定价、可计量的指标,这是绿色项目的经济效益能够更加准确地被评估计量。在收益明确的基础上,提升了获得绿色投资的机会。再加上绿色金融机制与制度的完善,共同构建成为绿色金融发展的阶段性动力。

最后，绿色金融理论与学术研究可以为相关企业与金融机构发展绿色金融提供理论支持与发展方向。绿色金融的发展需要具有创新性、系统性的方法学的支撑，并以量化的手段等，辅助政府构建绿色金融市场的秩序与规则的建立。这就需要研究机构深入研究绿色金融理论与细化方法，为绿色金融发展提供智力支持，并研究出能够驱动金融发展的持久动力。

三、大力推动绿色保险的发展

因保险业进入绿色金融领域的渠道多种多样，能够为绿色金融的发展提供重要作用。例如，保险业可以通过股权、债权、信托等多种渠道将资产拉入绿色领域；也可以为生态环境的保护提供有力的资金来源支持，保障环保项目的顺利进行。

与此同时，中国银保监会也在进一步完善绿色保险的相关制度与法律法规，提高绿色保险的可信度与认可度，特别是对高风险领域的绿色保险做出了更为详细规划。

在未来，绿色保险将大有可为，因为绿色保险可以降低某些周期长、稳定性差的绿色项目的风险，鼓励民营等资本进入。例如造林项目，森林生长的周期长、收益不明确等特点会使该项目出现融资困难。而绿色保险的介入，能够为投资这一项目的企业提供风险保障，从而吸引更多的资本。

除此之外，保险行业对定价等方面的研究成果与具体实践，对绿色金融的发展发挥了巨大的作用。例如，保险在实践的过程中形成的丰富有效的实用工具与创新衍生工具，能够促进绿色金融领域的进一步发展，其中信用风险缓释工具为绿色信贷与绿色债券提供了较多的便利。

四、实体企业积极对接绿色金融资源

环保行业本身存在的技术门槛与金融机构面临的不确定性，将会阻碍投资与融资的决策。绿色企业应该主动与金融机构、金融部门对接，帮助其了解绿色项目的预估风险与盈利情况，从而提升成功融资的概率。

金融机构与绿色项目都是实体企业应该关注的绿色金融资源，应该在集结政策、市场与金融机构的力量的前提下，去实现企业的绿色发展。

以上四个层面的措施就是金融行业发展绿色金融、开展绿色行动的有效方法。当然，这些措施还需要根据相关企业自身的实际情况来选择不同的措施方案，进行实践。真所谓"实践出真知"，绿色金融的发展不应只停留在理论与书面方面，而应该在实践中不断总结经验，向前发展。

发展绿色金融不仅需要有效的措施，还需要找到正确的突破点，才能事半功倍。那么，未来发展绿色金融的路在何方？其突破点又在何处呢？

8.7 绿色金融新突破的"爆发点"可能在哪里

在绿色信贷层面，2005年，绿色信贷已经在辽宁开展了试点活动，创建了"辽宁省清洁生产周转金"，它是中国第一个绿色信贷工具。

在绿色融资层面，已有数十家环保绿色企业，依托政策的支持，在深圳、上海股票市场成功上市融资。

在绿色债券层面，在"九五计划"的最后三年中，中央财政增发国债，其中有460亿元用户环境的保护。

2014年，"生态文明贵阳国际论坛"中的绿色金融分论坛，拉开了绿色金融正式讨论的序幕；2015年，"十三五"规划以及"一带一路"倡议都对构建绿色金融体系提出了相关方案，成为中国绿色金融的元年；2016年，《关于构建绿色金融体系的指导意见》正式出台，为绿色金融发展的方向进行了具体的规划，提出了具体措施。

在长期的实践中，绿色金融不断成长，并在2016年呈现爆发式发展，在绿色金融国际舞台上备受关注。持续至今，绿色金融仍在蓬勃发展，但绿色信贷依旧是我国绿色金融的主体，这预示我国的绿色金融还有很大的发展空间，在未来也将会出现新的"爆发点"。接下来，让我们一起去分析新的"爆发点"的所在，抢占先机。

中国人民大学生态金融研究中心副主任蓝虹在绿色经济论坛暨第五届新金融大讲堂上提问："整个国家都在做绿色发展、绿色转型，但银行投入的钱到底在绿色产业里占比有多少呢？"

兴业银行首席经济学家、华福证券首席经济学家鲁政委用数据说话，回答了这一问题。绿色信贷在绿色金融市场规模中占比95%，在总体信贷规模中占比不到10%。在2017年年底，21家主要银行的绿色信贷余额有8.5万亿元，在2018年年底将会达到9.6万亿元。

由此可见，中国绿色金融的顶梁柱是绿色信贷，但单凭绿色信贷一己之力，也难以带动绿色金融的全面发展，因此在最近几年，绿色债券、绿色基金、绿色保险等多种绿色金融产品开始进入我们的视野，而新的"爆发点"有较大可能就出现在这些绿色金融产品之中。

中国人民银行副行长陈雨露在2019中国金融学会绿色金融专业委员会年会上发布了2018年我国绿色债券的相关数据：我国共发行的绿色债券（含资产证券化）已经突破2800亿元，且存量已经无限接近于6000亿元，排名在世界范围内靠前。

中国人民银行发布的《2019年第一季度中国货币政策执行报告》指出：要加强绿色金融债券的存续期监督管理，促进绿色金融的发展。

从上述内容来看，我国绿色债券似乎已经处于高端层，但与我国的绿色信贷相比，是"小巫见大巫"。绿色信贷余额有9.6万亿元，而取得较好成绩的绿色债券的存量还未达到6000亿元，仅是绿色信贷的一个零头。

绿色债券已经在全球范围内取得前排名次，其上升空间较小，很容易遭遇发展的"天花板"，要达到绿色信贷的程度可谓是遥遥无期，绿色债券在未来成为绿色金融发展的"爆发点"的机会渺茫。那么,绿色金融新的"爆发点"究竟在哪里呢?

近日,中国人民银行成都分行的张柏杨在其撰写的文章中认为,绿色金融本身就具有成本。

例如绿色项目,一般而言绿色项目的收益较低,且投资的回报周期长,还需要进行额外的认证等,这需要一定的前期投入成本与时间成本。而金融具备"逐利性",会让金融机构在发展绿色金融的过程中"搭便车",抢占了其他真正有心开展绿色项目的机构与企业的机会。即便个别金融机构具备环保、绿色发展意识,但在激烈的竞争之中,还会面临"劣币驱逐良币"的状况,这都不利于绿色金融的发展。

绿色金融的成本问题制约着绿色金融的进一步发展。虽然在供给端与需求端的共同发力之下,绿色金融得到了快速发展,但绿色金融资金尚存在较大的缺口,资金供给呈现出严重不足的状态。

根据中国人民银行研究局发布的《中国绿色金融发展报告2019》数据显示,我国2018年绿色金融资金总需求量为2.1万亿元,但实际供给资金只有1.3万亿元,这其中的资金缺口高达8000亿元。2019年绿色金融资金的需求量还在上涨,这是企业发展绿色金融的痛点之一。

因此,如果绿色金融不进行创新,在发展过程中将会面临万亿级的资金困境,绿色金融的发展将会难以为继,滞留不前,甚至还可能会出现衰退萎缩现象。

鲁政委从绿色金融项目的发展状况、特点出发,对上述问题提出了一个新的建议,即发展绿色保险。绿色保险在金融领域尚有很大的发展空间,投资方的投资空间大,保险产品的发展空间更大。投资方投资绿色保险能够有效地管理自身潜在的、系统性风险。发展绿色保险是发展绿色金融的新出路。而且绿色金融项目的回报周期长,绿色保险能够降低部分风险。由此可见,保险与绿色金融的匹配度较高。保险产业的绿色化,将会成为绿色金融发展的突破点,为绿色金融带来新的"爆发点"。

近年来，政策也在逐步引导保险资金进入绿色领域，这为绿色保险成为绿色金融新的"爆发点"奠定了相关基础。

2015年，原中国保监会通过发布《关于保险业履行社会责任的指导意见》，对保险服务业提出了相关要求：坚持环境保护、绿色发展的理念，投入到生态文明的建设中来，促进绿色金融的发展。

2016年，中国人民银行联合财政部、国家发展改革委、原环境保护部、原中国银监会、中国证监会等，出台了《关于构建绿色金融体系的指导意见》，共9个方面35条内容。其中包含鼓励养老基金、保险资金等开展绿色投资，还鼓励有条件的区域通过专业化绿色担保机制等为绿色产业带来更多的资金投入。

2017年，《关于债权投资计划投资重大工程有关事项的通知》由原中国银监会发布，其主要内容是在风险可控的前提条件下，鼓励保险行业自发进行绿色投资。

2018年，《中国保险资产管理业绿色投资倡议书》出台，通过凝聚行业内部力量，共同推动保险行业的绿色投资行动，促进我国经济向绿色经济的转型。同年出台的《绿色投资指引（试行）》则是聚集行业内外的各种力量，鼓励各类专业机构、专业投资者进行绿色投资，并通过规范投资活动，为绿色投资创建更良好的投资环境。

虽然政府出台了一系列有利于绿色保险发展的政策，但目前保险资金在绿色领域的投资比例仍未得到明显提升。至2018年4月底，保险行业的绿色投资规模有6854.25亿元，这一数据在保险资金总额中的占比只达到4%。

绿色保险的资金投入一般转向清洁能源、清洁交通、节能减排、污染治理、绿色建筑等领域，还有许多领域保险行业资金未踏足涉猎。

综上所述，保险行业的绿色化发展空间大，有望成为我国绿色金融发展新的"爆发点"。但目前绿色保险尚处于起步阶段，还需要通过不断创新与引导，才能获得可持续的发展。

8.8 【落地实践1】垃圾分类

垃圾分类"多开花",绿色金融开始进入垃圾分类领域,助力变废为宝。生活垃圾的处置本身就是一项典型的绿色项目,由垃圾分类延伸出的垃圾污染治理、资源循环利用等垃圾处理产业链项目,成为银行发展绿色金融服务的新兴项目。

例如,兴业银行上海分行在上海强制实行垃圾分类政策之后,与环保科技公司携手,推出了垃圾分类主题的环保借记卡。居民可以将自己日常生活中产生的可回收垃圾收集整理,交投到固定的垃圾回收点,可以获得相应的结算收益(以0.5元/公斤为标准),并将收益归集到居民的环保借记卡的储蓄账户中。

兴业银行的垃圾分类主题的借记卡让居民在开展垃圾分类的行动中获得收益,实现了环保与收益的两不误。目前,该借记卡项目已经在黄浦区、普陀区、静安区等9个小区及街道开始推行实施,效果较好。

再例如,台州银行推出了垃圾分类主题的联名信用卡——"拉风·白金卡"。台州银行副行长在该信用卡的说明会上表示,本次与台州市垃圾分类办联名推出的信用卡,是台州银行发展绿色金融的具体实践之一。

如今,越来越多的商业银行、企业开始意识到垃圾分类热潮中隐藏的金融发展机遇,开始进行绿色金融与垃圾分类融合,从而寻求新的利益增长点,实现经济效益与环境效益、社会效益的"三效合一"。

据银行相关人员介绍,就目前形势而言,垃圾分类在中国还属于新鲜事物的范畴,在金融领域还未形成一套成熟的体系。各个银行都在致力于发掘垃圾分类的业务切入点,推出垃圾分类主题的金融产品。随着垃圾分类的进一步深入,相关政策的不断推出与完善,更多的银行将会参与到该领域,借鉴国际案例,推出适合我国国情的垃圾分类主题的金融服务与产品。

各个银行除了推出垃圾分类主题的银行卡等,还会进行垃圾分类的宣传活动,让更多的居民了解垃圾分类的知识,将垃圾分类深入人心。

例如,浦发银行的多家支行组织员工与相关的事业单位、企业强强联手,在街道、社区等场所开展形式多样化的有关垃圾分类的主题活动。在活动中,参与的志愿者通过小游戏、发宣传册等方式,向居民普及垃圾分类知识,加强居民的垃圾分类意识。

交通银行上海徐汇支行与枫林街道黄家宅居委联手举办垃圾分类与金融知识的宣传活动。让更多的人了解垃圾分类与相关的金融知识,加入绿色发展的浪潮之中。

微众银行人工智能团队也推出了"微众智能垃圾分类"小程序,让居民可以通过关键词或者垃圾拍照,识别垃圾,进行正确的垃圾分类。

一些银行开始将垃圾分类带入金融领域。从银行的实践中,我们可以了解到在发展绿色金融的过程中,支持垃圾分类事业的具体实践主要体现在以下层面。

其一,环卫装备、设备的融资。垃圾分类的实行,将会增加分类垃圾设备的需求,如运输车、垃圾桶等相关设备。除此之外,出台的《推动重点消费品更新升级畅通资源循环利用实施方案》提出,要增加环卫车辆中清洁能源汽车的比例。在这一背景下,各个银行等金融机构,通过绿色信贷、融资租赁等方式,为环卫设备与设施的融资提供支持。

其二,环卫一体化的PPP项目融资。PPP项目指的是民营资本与政府进行合作,参与公共基础设施建设的项目。随着PPP项目在垃圾分类领域中的比例不断扩大,垃圾清运、垃圾中转站建设、垃圾处理项目都将会成为绿色发展的重要项目,也是银行支持融资的重点项目。

其三,厨余垃圾垃圾处理项目与垃圾焚烧发电项目融资。2016年,绿色金融就已开始支持厨余垃圾处理项目。例如,世界银行给予宁波市厨余垃圾处理PPP项目贷款支持。2018年,主要设备、设施全部安装完毕,该项目正式进入了实行阶段。

在我国，垃圾分类的进程较为缓慢，2019年才正式登上北京、上海等一线城市的舞台。即便垃圾分类已经开始推广，但由于垃圾的处理效率依旧较低，相关项目的盈利水平与能力较低。由此可见，厨余垃圾处理市场的需求巨大，银行等金融机构开展的绿色金融服务与产品将在垃圾分类领域发挥更大的价值与作用。

绿色金融与垃圾分类相结合的实践，是绿色金融进一步发展的标志，是促进绿色经济发展的有效实践。

8.9 【落地实践2】碳基金

对金融行业不深入了解的人，可能很难理解碳基金。"碳"与"基金"这两个事物都能理解，但凑到一块儿之后，反而让人一头雾水。

碳基金是指由政府、金融机构、企业或个人投资设立的专门基金。其目的在于：在全球范围购买碳信用或投资于温室气体减排项目，经过一段时期后给予投资者碳信用或现金回报，以帮助改善全球气候变暖。

我国国内碳基金的正式实践始于2011年，当时北京、上海、广东省等7个省市成为碳排放权交易试点。2016年，这7个试点地区累计碳配额成交量1亿多吨，累计碳配额成交额30多亿元。碳基金的落地实践取得了较为显著的成果。

接下来，我将以上海的碳基金实践为例，帮助企业通过碳基金获得一点新启示。

一、推出碳质押贷款模式

2014年11月，上海环交所与上海银行达成合作共识，就碳金融战略签订合作协议，随后上海银行与上海宝碳新能源环保科技有限公司成功签署CCER（中国经核证的减排量）质押贷款协议。上海银行将为上海宝碳新能源环保科技有限公司提供 500 万元的质押贷款，为该公司的发展提供了经济支持。

这种碳质押贷款为中小微碳资产管理公司提供了绿色发展的融资渠道，为这些企业开展绿色项目提供经济支持，从而推动企业的转型与升级，实现绿色发展。

二、开展借碳与卖出回购业务

上海环交所一直致力于碳金融产品领域内的创新与探索，试图通过多元化服务的创新，满足交易主体不断增长的市场需求。其探索与创新取得了较为显著的市场效果。其中，效果最为显著的探索是借碳交易与卖出回购业务。

借碳交易业务允许投资机构与控排企业签订协议，存入初始保证金，使满足要求的双方在上海环交所进行交易，借入方需要在规定的期限内返回借配额，并支付一定的金额。这如同借款一样，满足要求的借款人可以获得借款，在规定的期限内还款，并支付利息。

卖出回购业务就是企业向碳资产管理公司卖出碳配额，获得资金，并通过金融机构对这笔资金进行管理，创造更多的价值。在期限结束之后，企业再将碳配额回购。通过这样的卖出回购过程，企业可以获得更多的经济收益。

借碳与卖出回购业务是一项实现多方获益的业务。对于碳市场而言，该业务可以增加市场的流动性；对于企业而言，可以有效地控制市场风险；对于金融领域而言，推动了绿色金融的发展。

三、成立国内首个碳信托

2015 年，"爱建信托海证 1 号碳排放交易投资集合资金信托计划"由上海证券有限公司与上海爱建信托有限责任公司联合推出，这是在上海碳交易市场首个国内碳信托产品交易。这一信托交易规模达到了 3000 万元，有 18 个月的投资期限。

在结构设计上，该信托运用了分级的结构设计，吸纳不同风险级别的投资者，实现全方位的资金引进，为绿色产业的发展提供资金支持，促进产业结构升级。

四、联合开发上海碳配额远期产品

2015年年初,上海环交所与上海清算所强强联手,共同开发了上海碳配额远期产品。它们分工明确,碳配额远期产品的交易与交割工作由上海环交所承担,上海清算所则主要负责清算与风险控制工作。

双方的合作能够完善碳现货远期交易的风险管理机制,将风险控制在一定范围之内,保证清算结果的有效执行。除此之外,这一合作能够弥补市场流动性不足的缺陷,将市场价格控制在正常范围之内。

企业通过碳配额远期产品交易,降低发展风险,实现收益,同时还提高了碳现货市场的流动性,有利于低碳经济的成功转型与升级。

以上就是上海在碳基金方面的实践,从中可以看出目前绿色金融正发展得如火如荼。不仅是上海,其他省市对碳基金的发展都进行了一些实践行动,且政府与政策对碳基金都表现出支持的态度,社会大众对于这些绿色项目的发展也很期待,这为企业充分利用碳基金进行绿色发展提供了条件。

相关企业应该充分发挥碳基金的作用,吸纳更多的资金进入绿色项目,降低绿色项目的污染风险,推动绿色经济的发展。

第 9 章
践行绿色经济，做一家值钱的"绿色企业"

  绿色经济新时代下，绿色企业将是各个企业改造与转型的终极目标。9 大产业形态、"5+3"的绿色空间布局、绿色经济的 9 大场景，将是企业践行绿色经济的重点。通过实践落地，打造绿色标签，使自身成为一家值钱的绿色企业。

9.1　新时代的企业家精神与绿色发展

小企业家靠精明，中等企业家靠管理，大企业家则要靠文化。"修身治国平天下"，修身在首位。企业要想在绿色经济的发展浪潮中取得竞争优势，首先需要企业家提高自身修养，发挥绿色经济时代的新企业家精神，促进绿色发展。

"创新、实干、坚韧、卓越、担当"是新时代企业家精神的核心，是能够助力企业绿色发展的精神所在。

第一是创新。不论是在任何经济发展时代，创新都是企业家的灵魂。绿色经济背景中的创新，不仅是绿色理念的创新，更是绿色产品、绿色工艺、绿色运营模式、绿色市场、绿色管理的创新。只有保持创新精神，才能带领企业在绿色经济领域不断探索、实践，在实践的改进中寻找到最适合企业情况的绿色发展之路。

第二是实干。"纸上得来终觉浅，绝知此事要躬行"，脚踏实地做实事是企业家的核心精神要素。

有些企业虽然一直喊着绿色发展的口号，却在实际发展过程中毫无作为，依旧沿袭着传统的高能耗、高污染的经济发展模式，这样的企业必将被绿色经济的时代浪潮所淘汰。企业的绿色发展要求企业家必须具备冒险的精神与实干的决心，带领企业坚定不移地推动绿色经济的发展。

第三是坚韧。绿色经济的发展处于兴起阶段，一切都需要企业自行摸索，这预示着企业的绿色发展之路不会一帆风顺。

许多绿色项目都存在投资回报周期较长、污染风险较大、经济收益不高的特点，这意味着企业在开展绿色项目时，会承担着较大的风险，会面临许多难以想象的困难与阻碍。如果企业家不具备坚韧的精神，将会使企业的绿色项目无法长期开展下去，有较大可能会使企业的绿色化改造与转型失败，无法在绿色经济发展过程中取得竞争优势。

第四是卓越。这是一种追求完美的精神，能够带领企业向着做强、做大、做优的方向前进，为企业的绿色发展在质量、品牌、竞争等方面制定明确的战略目标。具备卓越精神的企业家能够保证企业的绿色发展之路不偏离轨道。

第五是担当。不局限于绿色经济时代，任何时代成功的企业家应该是有情怀、有追求、有担当的人。只有这样的企业家才能凝聚企业的全部力量，将团队建设成绿色团队，共同致力于绿色发展。

保护环境是对国家、对社会、对人民的责任与义务，有担当的企业家会主动承担起保护环境的责任与义务，自觉开展绿色制造、绿色物流等绿色化工作，对推动企业的绿色化转型报以极高的热情，对企业的绿色化发展起到推动作用。

绿色经济的发展离不开政府的作用，也离不开企业与企业家的作用。政府通过宏观调控，确保绿色经济的开展；而企业与企业家是通过具体实践，补充绿色经济发展的细节，推动绿色经济的进一步发展。各个企业家应该充分发挥自身的绿色领导力，带领企业为绿色经济添砖加瓦，将自身企业打造成一个值钱的绿色企业。

除了发挥企业家精神的作用之外，企业怎样才能构建自身的绿色企业形象、打造绿色标签？接下来，我们将从产业形态与空间布局等场面，为企业的绿色发展提供一些新思路。

9.2 构建"绿色企业"的9大产业形态

在"青山绿水就是金山银山"理念指导下的绿色经济将成为未来经济体系的主要支柱,这是企业发展绿色经济的根本原因。企业要想成为"绿色企业",提升自己的绿色竞争力,首要条件就是了解构建"绿色企业"的9大绿色产业形态(见图9-1)。

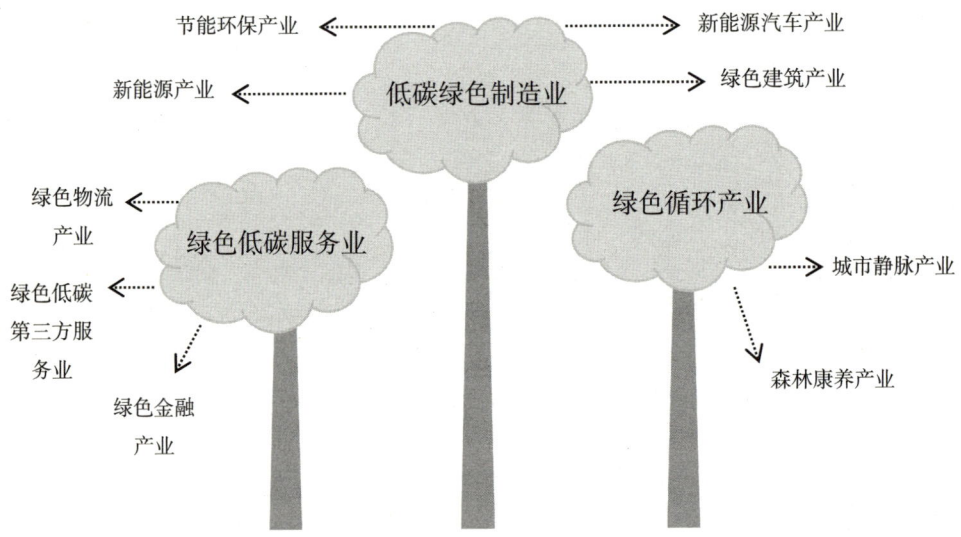

图 9-1　构建绿色企业的 9 大产业形态

一、做强绿色低碳制造业

低碳制造业包括节能环保产业、新能源产业、新能源汽车产业、绿色建筑产业这四大类。在这四大产业形态层面,要将做强绿色低碳制造产业作为目标。这要求企业要将新能源产业作为发展的重点。与此同时,还需要做强节能环保产业,建设国家节能产业基地,使节能产业变为企业发展的经济支柱。

在新能源汽车产业方面,要开展新能源汽车的全产业链条发展战略,车企可以以建设国家新能源汽车生产示范基地为目标。其他企业可以与车企合作,在物流环节实现绿色化。

在绿色建筑产业形态上，建筑材料企业需要研发生产绿色环保的建筑材料，建筑企业需要研发更加环保节能的建筑设计方案。例如，不断提升装配式建筑技术与工艺，缩短建筑工期，减少施工带来的噪声污染以及灰尘扬撒，促进绿色城市的发展。

二、壮大绿色低碳服务业

绿色低碳服务业主要包含绿色物流产业、绿色低碳第三方服务业以及绿色金融产业。构建绿色企业，就需要壮大绿色低碳服务业。

在绿色物流业层面，企业要推进物流各环节、全过程的绿色化、低碳化。增加可回收包装的使用，例如京东可循环使用的快递盒。通过智能技术提升物流环节的绿色化，例如菜鸟网络的智能打包算法，提升了包装盒的空间利用率，减少包装材料的使用，实现了绿色节能的目标。

在绿色低碳第三方服务业层面，需要企业大力推进绿色环保理念的传递，主张碳交易，利用碳资产对企业进行更好的管理，增强自身的绿色生产与服务能力。

在绿色金融层面，需要金融机构重点推动绿色信贷、绿色债券、绿色保险等绿色金融产品的发展，为企业的绿色发展提供多元化的融资渠道，降低企业的绿色发展风险。作为企业应该积极寻求政府的支持，提升自身环境信息的透明度，活用各种绿色金融工具，成功融资，为绿色项目的开展提供经济保障。

三、培育绿色循环产业

绿色循环产业包括城市静脉产业与森林康养产业，这是构建绿色企业的两个关键点，需要相关企业能够大力培育绿色循环产业。

在城市静脉产业层面，企业要大力开展绿色回收计划，提升资源的利用率。通过科学规划综合性、专业性较强的独立废弃物处理园区，研发节能环保的废弃物处理设备，并运用到实践过程中，全面促进回收、循环利用工作的开展。

在森林康养产业层面，相关企业需要坚持生态保护与绿色旅行的结合，注重医养、康复层面，促进森林生态的健康与平衡，并将这作为旅游业的发展主题，打造康养综合体。

实现 9 大产业形态的绿色化，是企业打造自己的"绿色标签"的根本途径。企业应该在发展绿色经济的过程中，将这 9 大产业的绿色化落在实处，用行动说话。

9.3 企业发展绿色经济的"5+3"空间布局

"窗含西岭千秋雪，门泊东吴万里船"，唐代诗人将大邑风光展示得淋漓尽致。大邑位于成都平原西部，由于风景优美，有"蜀之望县"的美称，聚集道教发源地鹤鸣山、中国佛教南传第一站雾中山、三国名将赵子龙埋葬地锦屏山等人文古迹。除此之外，大邑还是成都的第三大水源地，其生态资源与旅游资源异常丰富。

为对大邑进行环境友好型的开发，通过控制生态保护红线、改善生态环境、落实生态环境建设要求，打造了大邑人文与生态相结合的全域旅游体系。

这一开发生态旅游的战略，是成都发展绿色低碳的第三服务产业的一部分。除此之外，成都为促进绿色经济的优化与可持续发展，依托于产业功能区与园区，构建了"5+3"的空间布局，即 5 大重点发展区与 3 大产业聚集区。大邑的生态旅游开发就是为了响应空间布局战略，为推动绿色经济的发展贡献一分力量。

这一空间布局为其他企业发展绿色经济特提供了相应的发展方向与要求。接下来，我们将从空间布局上去探索企业发展绿色经济的战略布局。

一、企业绿色发展的 5 大重点产业

绿色化、智能化将是企业在未来发展的必然趋势。技术的创新在驱动智能化的同时,也会为企业绿色化提供技术支持。再加上环保理念的深入,绿色环保的产业将会成为企业发展的对象。

在多方力量的共同促进下,使企业在推动绿色经济的过程中,形成了 5 大产业重点发展区,即新能源产业、节能环保产业、新能源汽车产业、绿色金融产业、森林康养产业。

(一)新能源产业

能源消耗造成的环境问题一直是企业绿色发展急需解决的重大问题之一。石油等化石燃料的运用使企业污染排放量增大,造成了大气污染。

这一环境污染问题,使企业开始转向新能源、清洁能源的开发与利用层面上来,通过利用太阳能、风能、电力等开发出污染低、利用率高的能源,从而为企业发展绿色经济提供能源动力。

(二)节能环保产业

在绿色经济时代的大环境下,节能环保已经成为企业发展的重要原则与理念。各个企业通过智能化的管理,协调生产、运营、物流等各个环节,通过减少一些不必要的流程与行动,提升效率,减少碳排放量,实现节能减排的目的,以节能环保产业为主的企业也进入了发展的黄金时期。

(三)新能源汽车行业

随着互联网时代的深度发展,人们的生活方式与购物习惯发生了翻天覆地的变化,越来越多的人选择网购。这一变化使企业物流快速发展的同时,对环境带来了较大的污染。物流运输所排放的二氧化碳加剧了城市的热岛效应,对居民的生活造成了较严重的影响。

严重的污染问题促使新能源汽车的出现,这为企业开展绿色物流提供了工具,促进企业在运输过程中实现节能减排,促进绿色化进程的推进。

（四）绿色金融产业

绿色金融工具能够帮助绿色企业和绿色项目实现融资，为绿色发展提供经济支持。例如，企业可以通过绿色信贷、绿色债券等金融工具筹集开展绿色项目的资金，并通过购买绿色保险，享受政府的部分补贴，降低绿色项目的风险。

这些绿色金融工具是促进企业大力开展绿色项目、推动绿色经济进程的有效工具。绿色金融产业的发展将会促进企业的绿色发展，企业在推动绿色发展的同时，对于绿色金融工具的需求将会促进绿色金融产业的进一步发展，从而形成相互促进、共同发展的局面。

（五）森林康养产业

许多企业在发展绿色经济的过程中，会主动承担对环境保护的责任，这使森林康养产业得以迅速发展。例如，支付宝的蚂蚁森林，通过全民绿色公益活动，在西北地区与荒漠化地区植树，建设防风固沙工程。

企业聚焦森林康养产业，不仅能够提升自身的社会影响力，打造自身良好的绿色形象，还能实现经济效益、社会效益与环境效益的"三效合一"，使企业的发展获得更多的支持。

二、企业绿色发展的三大聚集区

除了5大重点发展区之外，企业绿色发展的空间布局还包括3大产业聚集区。其具体情况如下：

（一）装配式建筑产业

装配式建筑就是由预制的建筑部件在工地组装装配而成的建筑，这样的建筑可以如同机器生产一样，实现成批成套的制造。

装配式建筑的制造周期较短，受天气的影响较小，可以节约能源与材料，产生的建筑垃圾更少，与传统建筑制造相比更加环保。除此之外，装配式建筑在设计与制造过程中，充分考虑了抗震、防腐等方面的因素，避免了未来的重复装修、维护，这极大地节省了维修材料与能源。

装配式建筑的制造将会是建筑企业推动绿色经济发展的一大利器，实现高效节能的绿色建筑的制造。

（二）绿色低碳的第三服务产业

绿色低碳的第三服务产业是指以低碳技术为核心，开发、利用当地生态资源，实现最小碳排放量的现代服务业。例如，低碳旅游业就是典型代表。通过深入调查与全面、科学的评估、规划，在开发旅游资源的同时，保障当地的生态环境，保证景区景观的整体性与统一性，将生态消费扼杀在摇篮中。

相关企业在发展绿色低碳的第三服务产业时，需要将环境效益放在首位，避免因小失大，实现低排放、低能耗、低污染、可持续性，这样才能吸引更多的消费者。

（三）城市静脉产业

城市静脉产业是指垃圾回收与资源再利用的产业。在绿色发展的路径中，越来越多的企业开始进行回收计划，提升资源的利用率。例如，星巴克用可回收的材料制造饮品纸杯，并将使用过的纸杯回收，经过加工后进行二次利用。

回收计划在各行各业的开展使城市静脉产业得到迅猛发展，推动了企业资源的利用率，减少了对环境的污染与破坏。

在未来，"5+3"的空间布局将会成为企业发展绿色经济的重点，也是企业实现产业转型与升级的重要战略布局。在这一布局上，衍生出了扩展绿色的9大场景，为企业的绿色发展提供了具体的发展路径。

9.4　企业扩展绿色经济的 9 大场景

实践出真知，任何理念的推广与普及光靠理论将难以为继，只有不断地实践，才能发现问题，制订解决方案。企业的绿色发展也是如此，需要在众多理论的支持下，通过实践发现自身的问题。以下是企业在扩展绿色经济的规程中，需要用实践促动发展的9大场景。

场景一：能源阶梯利用工程

能源阶梯利用是实现能源合理利用的一种方式。按照品级逐级对一次能源、余能资源进行充分的利用。例如，中高温蒸汽能用来发电，而低温蒸汽则可以向住宅供热，从而对蒸汽实现充分的利用，避免能源的浪费。

企业在生产与运营管理过程中，要将能源合理充分利用。例如，长春卷烟厂的应用地源热泵系统，通过锅炉余热排气回收、工艺过程余热回收等技术实现热能的阶梯利用，推动企业各个环节的能源利用效率。

再例如，北京经济开发区的多水源联合调度管理，合理配置了水资源，提升了水资源的利用效率，在避免浪费的同时，减少了污水排放量（见图9-2）。

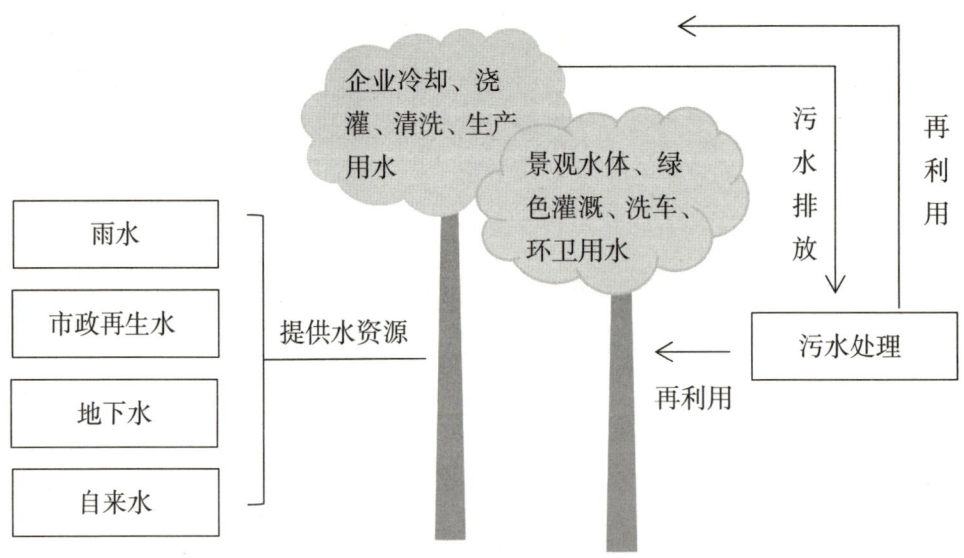

图9-2 水资源的联合调度与管理模型

能源的阶梯利用不仅可以在企业内部进行，也可以通过多方联合，共同实现资源的最大利用化，这是未来企业发展的必经环节。

场景二：清洁能源替代工程

能源消耗产生低污染一直是企业绿色发展的重大问题。清洁能源的使用是从源头上减少污染排放的重要途径。例如，许多企业已经开始使用太阳能、风能发电，为自身的生产经营提供必要的能源，减少高污染能源的使用，减轻对环境的影响。

场景三：产业绿色升级工程

企业的产业绿色升级是顺应时代发展的要求，是紧跟时代步伐的途径。在未来，不能实现绿色升级与转型的企业将会失去长远发展的机会，最终被众多新兴的企业淹没，直至消失。

例如，海尔集团通过生产绿色环保的家电产品，并逐步提升绿色产品所占比例，最终实现绿色转型与升级。依托"一带一路"政策，在向沿线其他国家传递绿色发展理念的同时，参与到沿线地区的绿色基础建设中来，提升自己的国际影响力与绿色竞争力，在市场中取得先机。

海尔等大集团都在积极寻找并践行绿色转型升级之路，这为其他中、小、微企业的绿色发展提出了绿色转型的警示，并用自身的实践为其他企业的绿色发展提供了可借鉴与参考的经验。

场景四：资源循环利用工程

企业通过回收计划、提高生产运营各环节资源的协调，实现资源的循环利用，是企业绿色发展的重要手段。资源循环利用工程将会成为企业最常见工程与运行环节。

例如，苏宁的共享快递盒，当消费者签收包裹后，由快递员直接回收快递盒，并将快递盒投入到下一轮的物流环节中。这样的回收计划，使苏宁能够循环使用快递盒，减少了纸箱快递盒的使用，节约了纸资源，减少了包装垃圾的产生，实现环保目标。

场景五：绿色供应链构建工程

绿色供应链的构建包括绿色采购、绿色生产、绿色包装、绿色营销、绿色运输等各个环节,是企业推动绿色经济发展的根本途径。

例如,沃尔玛通过绿色供应链的建设,在全链条上实现了绿色化,为自身树立了良好的企业形象,扩大了产品市场;通过链接各环节,减少了能源与原材料的使用,节约了生产成本,减少了污染治理的费用;通过提升效率,降低了最终产品的生命周期成本,使消费者能够以更优惠的价格获得更安全、高质的产品。

绿色产业链的构建工程是企业发展绿色经济的必经之路。

场景六:污染防治工程

在降低污染的排放量之后,还需要对已经产生的污染进行治理。目前许多企业都已经开始进行污染治理。例如,许多企业开始安装净水系统,通过净化污水,实现对水资源的循环利用,减少生产污水的排放,有效地保护了水资源。

场景七:生态系统升级工程

生态系统升级工程适用于大多数企业绿色经济的发展,特别是生态农业与旅游业的结合,通过发展生态农业,保护环境,创造独特的人文景观,吸引游客前来观光。

场景八:绿色建筑示范工程

绿色建筑是发展绿色智慧城市的基础,这对绿色建筑企业提出了新要求。例如,瑞泽地产集团通过多渠道、跨行业的转型,实现产业转型。在与杭萧钢构合作中,建立了第一个民用建筑钢构件生产总部基地。这一举措,不仅推动了节能环保建筑材料的使用,还推动了遂宁地区的绿色城市化进程,为绿色建筑行业带来新气象。

场景九:绿色交通畅享工程

绿色交通工程主要包括新能源交通工具的研发与使用、智能化的交通路线的设计等。例如,共享单车的出现就是对绿色交通工具的一次创新。乘客可以随时随地通过扫码使用共享单车,这不仅方便了没有车或者不会开车的乘客,还在一定程度上缓解了交通压力,推动绿色出行。

绿色交通畅享工程将会是以"共享经济"为核心的企业发展的常态，也是各个汽车生产商的转型渠道，实现生产汽车向提供汽车服务的转型与升级。

以上是企业扩展绿色经济最常见的场景，是企业实现绿色发展的重要途径。如果企业能够将这些场景与自身发展完美融合，将会真正实现绿色可持续发展。

第 10 章
绿色经济未来的四大发展趋势

新技术、新理念、新业态、新社会形态是绿色经济未来的四大发展趋势。企业应该在详细了解这些趋势的基础上，制定合理的发展计划与战略。从而借势而起，站在绿色经济发展的"风口"上实现自身的转型与升级，最终实现绿色可持续发展。

10.1 新技术：新能源、新材料，绿色新兴产业抢占先机

恩格斯曾说："社会一旦有技术上的需要，则这种需要就会比十所大学更能把科学推向前进。"这在绿色经济领域也同样适用。

绿色经济时代的到来，对绿色技术的需求将会变得更大，推动绿色技术的发展。最终达到"曲线救国"的目的，推动绿色经济的发展。以绿色新技术为核心的新能源、新材料等新兴产业将是未来绿色经济的发展趋势之一。企业应顺势而行，依托新技术，促进自身的绿色发展。

一、新技术造就新能源

在新能源产业之中以新能源汽车的发展势头最为迅猛。截至2017年，我国新能源汽车已经有了153万辆的保有量，占汽车总量的0.7%。

新能源汽车行业虽然发展速度快，但发展空间与潜力依然十分巨大，在未来将会与更多的业态结合，覆盖更多的领域，推动交通行业的全面绿色化。

目前，新技术造就的新能源汽车包括：纯电动汽车、混合动力汽车、燃料电池汽车、氢发动机汽车等。这些类型的汽车正在被用于各行业的运输环节中，在一定程度上实现了节能减排的目标（见图10-1）。

除了新能源汽车之外，其他行业的新技术也正在不断被研发并使用。

例如，生物质发电技术的研发与使用。通过提高机组热效率，提高在消耗同等燃料情况下的电量输出。在这一技术支持下，可以减少能源的消耗。目前，某些生物质电厂已经开始使用超高温压机组，提升了电厂的电力转化效率，使

燃料成本的盈亏保持在相对稳定的平衡状态。

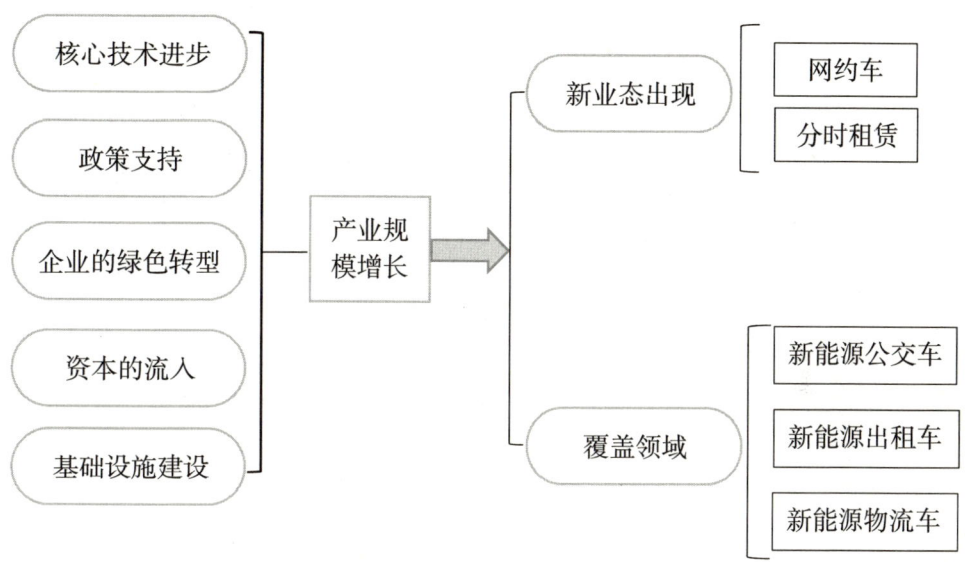

图 10-1　新能源汽车领域的发展模式

再例如，沃尔玛在配送中心还建立起环保节能系统，充分利用了太阳能。通过自然采光、使用太阳能热水器等措施，减少碳排放，提升太阳能的利用率。

在未来，太阳能、风能等能源都能依托于新技术，成为促进绿色经济发展的能源动力。

二、新技术下的新材料

新技术的出现，使一批节能环保的新材料被运用到企业的绿色生产过程之中。这些材料一般具备可回收、制造过程污染低、对环境影响小等特点。以这些材料为原材料而制成的产品将会保护这些特点，与企业的绿色发展相呼应。

以装修企业为例，在技术的驱动之下，研发了环保漆料、环保照明系统、环保地材、环保墙材、环保墙饰、环保管材这 7 大新材料，在实现自身绿色制造的同时，建设绿色住宅，为消费者提供一个绿色健康的居住环境。

在日常生活用品中，绿色环保材料使用的比例也在提升，消费者更愿意去购买绿色环保产品。例如，在名创优品，有一款牙刷的牙刷杆是由秸秆等农作物废弃物制成的，消费者花费 10 元便能购买 3 支这样的绿色环保牙刷。该牙刷的物美价廉与绿色环保成为它深受消费者喜爱的主要原因。

再例如，星巴克的饮品纸杯中，含有 10% 消费后回收纤维，并具有聚乙烯（PE）抗水涂层，能够被回收，经加工后可以实现二次利用，提升了材料的利用率。

各行各业依托于新技术，研发出绿色环保的材料，并广泛地用于生产之中，推动了全产业的绿色化进程。

未来，以绿色技术为驱动、以新能源、新材料为绿色制造核心的绿色新兴产业，将会成为企业发展绿色经济的新契机。

10.2 新理念：绿色消费需求将持续增长

每一轮经济发展的热潮必定会带来消费的升级，这是经济发展的必然规律。随着传统经济向绿色经济的升级，促使传统消费转向绿色消费。

在消费升级背景下，绿色消费需求将会不断提升，推动绿色产品与绿色服务在绿色市场上的供给量，驱动绿色经济的进一步发展。绿色消费、绿色发展的新理念的出现是绿色经济发展的必然趋势。

一、消费者需求推动绿色产品的出现

消费者对绿色食品、绿色家电、绿色服装、绿色家居等绿色产品的需求，让企业在市场上推出更多的绿色产品。

以家居产品为例，消费者为了自身的身体健康与居住环境，更愿意消费绿色健康的产品，即便这些绿色产品的价格高于普通产品。尤其是那些经过相关部门认证、各项指标都合格的绿色产品深受消费者的追捧。

绿色产品不仅包含对人体健康无影响的产品，也包含节能高效的产品。消

费者更愿意购买节能高效的家电产品，例如节水洗衣机、节电冰箱、节能空调等，这不仅能够减少消费者的电力、水资源的使用，节省生活成本，还能让消费者在无形之中形成环保意识，主动承担环保的社会责任。

需求会推动绿色产品的输出，绿色产品也会刺激绿色消费需求的增长，二者通过相互促进，形成一个良性循环，共同促进绿色经济的发展。

二、绿色出行理念推动绿色交通发展

随着消费者的绿色环保意识不断加强，环保意识已经开始渗透绿色出行领域。消费者更愿意选择绿色环保的出行方式，选择乘坐更加环保的交通工具，如共享单车等；购买更加节能环保的交通工具，如新能源汽车等。这推动了绿色交通的发展。

随着我国汽车工业的快速发展和消费水平的迅速提高，汽车市场发展的春天已经到来，供需两旺成为市场常态。但机动车数量的快速增长，造成了能源短缺、环境污染、交通拥堵等一系列问题。绿色出行理念是针对这些问题而提出的理念，在其指导下的有效实践，是构建绿色交通体系的一环。

构建绿色交通的核心在于提高交通运输的能源效率、改善交通运输的能源结构、优化交通方式这三个层面。能源结构的改变与能源效率的提高可以依托于绿色技术来实现。而优化交通方式则需要政府、企业与消费者的共同努力，才能实现。

绿色出行理念的形成与推广能够帮助消费者将绿色出行落到实处，从而实现交通系统节能减排。因此，绿色出行理念推动下的绿色交通是发展绿色经济必须经历的一环。

三、绿色消费理念推广绿色消费方式

绿色消费观念影响着消费者对购物过程与方式的选择。

其中网购就是绿色消费方式一种。消费者网购的目的为了节省时间与金钱，但这一行为中却包含了绿色消费的理念，因为网购行为减少了许多不必要的运输环节与仓储环节，减少了能源消耗与污染排放，符合绿色环保的概念。

当电商企业通过网购渠道宣传绿色产品时，对绿色消费理念的推广更为显著,让消费者明白网购与绿色消费的关系,更加注重自身的绿色消费行为。

如今,越来越多的消费者更愿意通过网购购买产品,在购物时,也不再将包装看作必须购买某一产品的因素,推动了产品包装的简单化。这在一定程度上推动了绿色消费方式的普及。

四、绿色建筑的消费需求逐渐上涨

消费者更加注重居住与工作空间装修的环保程度与安全健康程度。在购房、房屋装修以及选择家居产品时,绿色环保是首要考虑的因素。

人们的消费已经由生存性消费层级转向享受性层级,这标志着消费者的消费意愿开始转向对品质生活的追求上来。而居住环境的品质影响着消费者的身体健康,因此绿色建筑的需求量在不断增加。

曾经,甲醛是让人谈之色变的存在,是国际癌症研究机构(IARC)认定的一级致癌物。它如同一个幽灵一般,飘荡在我们新装修的房间之中,危害着我们的身体健康。人们在购买新房后,都会对房间内的甲醛浓度进行测试,避免危害身体健康。甲醛事件的频发,刺激了消费者对绿色建筑的需求上升。

未来,绿色经济市场提供更多的绿色环保的建筑,提升人们的居住环境的环保绿色化水平,将是建筑企业与家居企业发展绿色经济的趋势。

绿色新理念的推广与深化,是绿色进发展的必然趋势。企业应该及早做出准备,通过向市场输出更多的绿色产品,引领绿色消费,为自己的产品打造"绿色标签",获得消费者的认可,从而在今后的绿色经济发展过程中,获得竞争优势。

10.3 新业态:数字经济渗透全产业链

为了适应绿色经济的发展,传统业态必然会不断改善自身的结构,向绿色新业态转型，从而在绿色经济时代获得持续发展的机会。新业态助力绿色发展，将是企业发展绿色经济的重要趋势。

在绿色经济发展的大环境下，衍生出共享经济、数字经济、平台经济的绿色新业态，并渗透全产业链，推动这各个企业的生产、运输、销售、回收等环节、流程的绿色化。

共享经济以信息技术为核心，推动能源、资源配置的不断优化，减少资源浪费与能源消耗，提升资源的利用率，从而实现绿色经济效益。共享经济中最为人熟知的便是共享单车，只需要扫一扫便能获得共享单车的使用权。

平台经济是企业提供一种虚拟或真实的交易场所实现经济收益的运营模式。平台本身不生产产品，但可以促成双方或多方供求之间的交易，并收取适当的中间费用，获得利润。例如，百度、腾讯、淘宝、京东商城、当当、亚马逊等的运营模式，都属于平台经济。

绿色经济背景下的平台经济的本质并没有发生改变，由企业提供一种虚拟或真实的绿色产品的交易场所。其中，绿色产品与服务是核心，以消费者的绿色需求为导向。

绿色经济背景下的数字经济，使数字技术被广泛使用，为整个经济环境和经济活动带来根本变化的经济系统。除此之外，数字经济也是一个将绿色项目信息和绿色活动都数字化的社会统计系统。

数字经济可以提升企业、消费者在网络平台上的交易频次。数字经济既可以促进资源配置的优化，也可以为绿色交易平台的建设提供技术支持。由此可见，数字经济是绿色经济中共享经济与平台经济的支柱，是绿色经济的主要发展新业态。

在制造业中，数字经济通过信息技术使企业实现绿色生产设备与绿色生产技术的共享。通过共享，降低企业绿色发展的风险与成本，充分协调行业内企业的发展，减少行业资源的浪费。这是数字经济在制造业中的渗透。

在服务业中，数字经济通过为共享餐饮、共享旅游、共享家政、绿色物流配送提供技术支持，减少能源消耗，让这些服务企业能够为消费者提供更多优质的绿色产品与绿色服务，刺激消费者的绿色消费需求。除此之外，数字经济还产生了许多新兴职业，缓解了社会的就业压力。这是数字经济在服务业的渗透效益。

在农业领域中，帮助整合农业资源，优化农业资源配置，促进农业的产业化，形成去中心化的绿色产业链。例如，生态数字化农业的发展就离不开数字经济。

虚拟模拟技术在农业领域中的应用，可以根据天气变化，在网络上模拟出某种作物的生长动态，从而规划最佳的种植时间，将种植的各个环节与流程通过预先模拟，减少各个环节的损耗。对农业进行实时监控，及时发展问题，解决问题，避免造成更大的损失。

业务应用软件的广泛使用，可以有效整合农产品的交易，有效管理风险。生产者可以自行通过应用程序找到买主，实现交易。应用程序还可以对农产品的交易进行跟踪记录，在最大程度上保障买卖双方的正当权益。

在技术、政策、消费升级的支持下，数字经济将会不断改进，并渗透到各个产业中，促进各个产业的各个环节的绿色化水平的提高，创建一个企业与消费者双赢的发展环境。

10.4 新社会形态：集绿色交通、绿色建筑等于一体的绿色新型城镇化

未来城市化的发展方向将会是绿色新兴城镇化的发展，聚焦于绿色基础设施的建设、绿色交通体系的构建、绿色建筑的发展。这种社会新形态是绿色经

济发展的不可避免的趋势之一。

未来的城市应该是怎样的？你是否幻想过未来城市面貌？

WOHA建筑事务所以新加坡为底图，构想了未来城市的面貌，并向我们展现出来。新加坡目前面临着海平面上升、人口密度不断增加的问题。WOHA建筑事务所针对这一情况构建的新加坡城市主要分为太阳城、潮汐湾、东海岸公园绿地以及裕廊大农场这四个部分。

太阳城将是新加坡的能源收集地，能够从周围100平方千米的区域中收集太阳能，从而为新加坡居民的生产生活提供能源；东海岸公园绿地是休闲和住宅设施的聚合地；潮汐湾是集合堤坝、发电厂以及住宅为一体的开发区；裕廊大农场则是国家的工业和营养中心，用于发展生态农业和观光旅游。

新加坡的未来城市构建很好地体现了"绿色环保"的概念，用四个大型区域，合理规划出城市布局，将各种资源优势都发挥到极致。而这种绿色城市的构建与绿色经济的发展密切相关，是绿色经济发展到一定程度的必然结果。

我国城市化已经经历了以规模增长为特点的快速发展高峰期，正在走向城市主导型道路。城市化进程加快的背后隐藏着巨大的资源与环境压力，这是城市发展的隐患，为了解决这些隐患，绿色城市必然会成为城市化的重点发展战略。

绿色城市的建设，离不开绿色基础设施的建设，包括绿色交通、绿色建筑等领域的绿色化建设。通过打造绿色交通体系，提供绿色建筑，推动城市内产业结构与各个实体经济的绿色化改造与转型，形成生态化、智能化的新社会形态。构建新社会形态主要包括以下几条路径。

一是合理规划绿色城市。绿色城市的规划，以技术为支撑，以充分利用空间、节省资源、减少碳排放量等绿色理念为基础，合理规划人口布局、街区建设、建筑设计等。

二是打造绿色生产方式。根据城市特征与优势调整产业结构，推动产业的绿色化升级。

例如，临江的城市可以考虑用水力发电，缓解能源紧张问题；具有丰富的人文景观资源与自然环境资源的地区，可以打造文化与环境相融合的生态旅游业。各个城市的优势资源不同，绿色发展的方向也会有所差异。

三是构建绿色智慧城市。通过运用新技术对城市系统的信息数据进行整合与管理，从而实现交通系统、节能系统、生活服务系统等的智慧化管理。

以智慧绿色交通系统为例，在构建过程中，运用到了信息技术、数据通信传输技术、电子传感技术、控制技术及计算机技术等先进技术，可以对整个地面交通进行实时检测，从而能够对地面交通进行实时、高效的管理，减少交通事故的发生，缓解城市交通压力。

四是普及绿色生活方式。引导城市居民在出行、消费、生活垃圾处理等方面形成更为绿色环保的生活方式，养成绿色出行、绿色消费、垃圾分类的良好习惯。

通过以上四个路径，实现集绿色交通、绿色建筑等一体的绿色新型城镇化建设，为绿色经济的进一步发创造现实条件。

新技术、新理念、新业态、新社会形态的出现将是企业发展的绿色经济的必然趋势。企业应该依势而行，提前在这样几个领域进行发展，从而提升自己在绿色经济浪潮中的竞争优势，抢占先机。

第 11 章
环保科技中材，建筑美好未来

　　大政催生市场，国策成就企业。近年来，生态环境问题提升到体制改革的新高度，美丽中国成为新时代社会主义现代化强国的新愿景，倒逼环保产业提速、释放市场契机。中材建筑紧抓时机，积极布局，大力发展绿色经济，为其他企业提供了发展新方向。

11.1 绿色变革，把握千亿市场的绿色商机

英国纽曼曾说："生活就是变革，完美就是不断变化。"绿色改革便是向完美的未来进化中的一环，其中有着千亿市场的商机等待企业加大力度挖掘。

放眼全球，一些国家在发展初期，经济发展总是伴随着牺牲环境的惨痛代价。再加上，世界能源需求的不断攀升、自然资源的日益枯竭，迫使国际社会寻求新的经济发展模式。而绿色经济便是作为人类社会继农业经济、工业经济、服务经济后的全新经济结构，是更加效率、和谐、持续的增长方式，已经成为21世纪的全球共识和发展方向。

作为拥有14亿人口的庞大经济体，中国既不能一味盲目地追求经济增长，也不能忽略经济发展只搞环境建设。坚定不移地加快绿色发展，不但是中国深度参与全球治理、构建人类命运共同体的大国担当，更是自身可持续发展、守护绿水青山的内在需求。

对于传统的制造业，尤其是建筑材料行业而言，环保既是行业普遍重视的销售卖点，又恰恰是整个行业不敢面对甚至难以面对的硬伤。生产制造环节的粗放性，导致很多企业在自身发展的同时，为整个行业乃至社会的发展带来巨大隐患。

我们时常会发现，室内装修污染导致的健康问题不断见诸于媒体，因为无法达成国家环保要求而被淘汰出局的建材企业更是比比皆是。如果一座房屋夏天不隔热、冬天不保温，空调和暖气会导致人类消耗更多的能源，产生更多的雾霾。

那么，我们如何才能做到真正意义上的绿色、环保、节能、低碳，让人们远离雾霾，过上绿色环保的家居生活？根据相关政策行事，借助相关补贴是基础（见表11-1）。

表11-1 近年来固废处置和大环保产业部分政策列举

时间	政策
2015年	●制定国家环境保护"十三五"规划基本思路 ●提出"十三五"期间我国城市生活垃圾管理目标和管理模式建议 ●提出"十三五"期间全国城镇生活垃圾无害化处理设施建设规划 ●通过并开始施行水污染防治行动计划（水十条）
2016年	●修订固体废物污染环境防治法，公布国家危险废物名录 ●制订土壤污染防治行动计划（土十条），通过污染地块土壤环境管理办法（试行） ●发布"十三五"环境影响评价改革实施方案
2017年	●党的十九大报告提出，推进资源全面节约和循环利用，加强固体废弃物和垃圾处理 ●制定"循环发展引领行动"，全面推行排污许可制 ●全面禁止洋垃圾入境，推进固体废物进口管理制度改革
2018年	●开始施行环保税法，水污染防治法（2017年修订版） ●生态环境部挂牌落地，"清废行动2018"深入开展 ●全面加强生态环境保护，坚决打好污染防治攻坚战 ●铁腕治霾，打赢蓝天保卫战
2019年	●开始施行土壤污染防治法 ●开始实施生态环境损害赔偿制度改革方案、建设用地土壤环境调查评估技术指南 ●推进大宗废弃物综合利用产业集聚发展 ●开始"无废城市"建设试点

2017年，国家住建部印发《建筑节能与绿色建筑发展"十三五"规划》，明确"十三五"时期，建筑节能与绿色建筑发展的具体目标如下：

1. 到2020年，城镇新建建筑能效水平比2015年提升20%，部分地区及建筑门窗等关键部位建筑节能标准达到或接近国际领先阶段先进水平；

2. 城镇新建建筑中绿色建筑面积比重超过50%，绿色建材应用比重超过40%；

3. 完成既有居住建筑节能改造面积5亿平方米以上，公共建筑节能改造1亿平方米，全国城镇既有居住建筑中节能建筑所占比例超过60%；

4.城镇可再生能源替代民用建筑常规能源消耗比重超过6%；

5.经济发达地区及重点发展区域农村建筑节能取得突破，采用节能措施比例超过10%。

相关政策不仅制定了目标，还为建筑行业达成目标提供了便捷条件与资金支持。在2019年，由保尔森基金会、能源基金会（中国）和中国循环经济协会可再生能源专业委员会共同发布的《绿色金融与低碳城市投融资》研究报告预计，"十三五"期间，中国低碳城市建设所需投资总额将达到6.6万亿元人民币，用于低碳建筑、绿色交通和清洁能源三大行业。

由此可见，为了实现绿色改革的目标，国家在努力、人民在努力，企业也在努力。作为中国低碳网唯一合作非公企业、国家住房和城乡建设部住宅产业化促进中心的工作小组成员单位的中材建筑科技有限公司（中材建筑）自然不会例外，在实现这些目标的过程中倾注了全部精力与心血。

在绿色发展升级加速、建材行业大洗牌的时代背景下，中材建筑独辟蹊径，通过自主研发的高掺量、高性能技术生产全新一代环保建材，从而实现多种固废的减量化、无害化处置及资源化利用，达到变废为宝、循环利用的目的。这一举措，让中材建筑推动了自身转型发展，逐步实现"弯道超车"。能够处理的固废类型一览见表11-2。

表11-2 能够处理的固废类型一览

能够处理的固废类型
拆迁固废
粉煤灰
炉渣
钢渣
石膏
赤泥

续表

能够处理的固废类型
污泥
尾矿渣

作为固废垃圾的终结者、地球环境的守护者、循环发展的引领者，中材建筑科技有限公司将工业及城市大宗固废经过技术处理后，转化生产纤维水泥PC板，纤维增强混凝土GRC板、砌块，涂层纤维水泥板三大系列新型建筑材料产品。

对固废的"变废为宝"充分传递出了中材建筑"有限资源、无限循环"的环保理念。而且，这一技术使中材建筑在市场上占据主导地位，掌握了竞争优势。

面向未来，中材建筑将会积蓄更为巨大的势能，领舞新型建材，激活新型建筑材料千亿级大市场，协力推动新型城市化、建筑工业化迈向新征途。

11.2 技术颠覆，深刻改变传统资源获取方式

"科学的幻想归根结底是科学和技术的大胆创造"，这种大胆创造出的技术必然会颠覆传统，为某一个领域或者多个领域带来震撼。在建筑行业中，绿色技术的发展也将为企业的资源获取方式带来改变。

随着我国经济社会的高速发展、城市化进程的加快以及人民生活水平的提升，工业生产、市政建设与维护、居民生活等方面都会产生大量固体废弃物，严重危害环境和人类健康。而传统的固废处置方式，无论填埋、堆肥还是焚

烧，都只是简单层面的处理，对环境方面不够友好，也不能够"变废为宝"（见表 11-3）。

表 11-3 传统固废处置方式的对比

处置方式	基本原理	主要技术	适用范围	存在问题
填埋处置	将被处置的固体废物如城市垃圾、炉渣、建筑垃圾等进行土地填埋，以减少对公众健康和环境卫生的影响	无控制填埋、卫生填埋（滤沥循环填埋、压缩垃圾填埋、破碎垃圾填埋等）	可以处理几乎所有类型的固废，是我国目前大部分垃圾和固废的处理方式	占用土地面积大，容易导致土壤和地下水源的二次污染
生物堆肥	固废中的有机物在微生物作用下，发生生物化学反应而降解固废中一种类似腐殖质土壤的物质，用作肥料并用来改良土壤	工艺简单，可对部分成分进行回收利用	主要适用于易腐、有机质含量较高的固废处理，范围狭窄	处理时间长、减容效果差，容易导致土壤板结和地下水质破坏
高温焚烧	使用高温炉，使固废中的可燃成分充分氧化，达到去除毒性、回收能量及获得负能量的目的	机械炉排、流化床、回转窑和热解气化等	适用于不宜回收利用其有用成分、具有一定热值的危险废物；易爆物质不宜采用焚烧处置方式	对科技水平、人员素质和技术管理的要求高，一次性投资大，运行费用高；可能产生有毒气体二噁英，且焚烧底渣和飞灰需二次处理

相对生活垃圾，建筑垃圾和工业固废的处理难度更高、技术发展更加滞后，但却占据大量的城市用地，成为排放污染物 PM2.5 可吸入颗粒物的主要源头之一。根据中国科学院的研究报告显示，我国近几年每年产生的建筑垃圾在 15.5 亿吨～24 亿吨左右，工业固废在 30 亿吨以上。如何对这些建筑垃圾和工业固废进行科学妥善的处理，成为环境保护的老大难问题。

经过多年的刻苦攻坚、层层考验，中材建筑在技术层面成功攻克建筑垃圾和工业固废处置的世界性难题，且整体处理过程不产生二次污染，实现废气 0 排放、废水 0 排放、废渣 0 排放、太阳能供电、免蒸养工艺、智能生产线，为全球范围内工业固废、建筑垃圾的综合利用提供了高效率、低成本、可持续的解决方案，改变了企业传统的资源获取方式。中材建筑技术优势见图11-1。

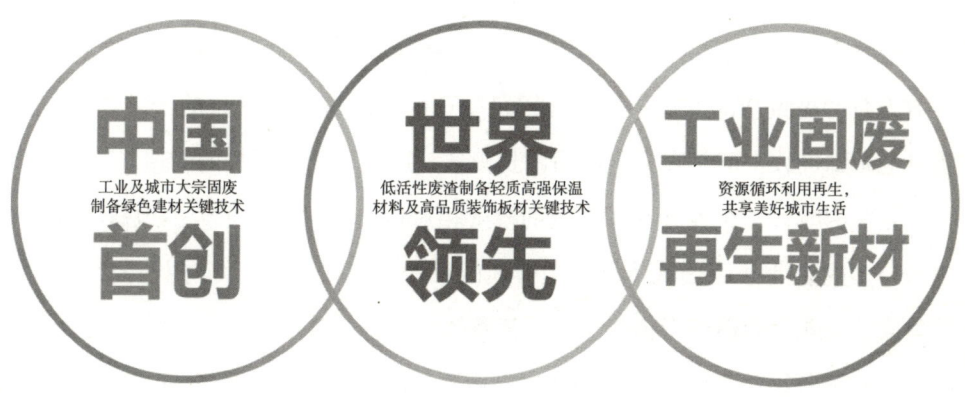

图 11-1　中材建筑技术优势

除此之外，作为中国低碳网唯一合作非公企业、国家住房和城乡建设部住宅产业化促进中心的工作小组成员单位，中材建筑还积极参与《硫氧镁胶凝材料改性剂》《镁质胶凝材料制品—建筑模壳》《新型轻质隔板墙》等多项行业标准的制定。

在国家发展改革委等14个部委联合发起的"2019年全国节能宣传周"中，中材建筑是担任重点活动"绿色节能低碳中国行"之"绿色建筑建材中国行"的唯一承办机构。

可见，中材建筑不仅在绿色变革的过程中推动了技术的发展，同时还积极承担着相应的社会责任。

"科学技术是第一生产力"，技术的进步为中材建筑及其他建筑企业提供了更好的发展方向。未来，中材建筑不仅可以依托技术颠覆传统，还能带领建筑行业走向更加美好的明天。

11.3 极致产品，用高科技缔造绿色未来

曾有人说，"产品的质量不是 100 分，就是 0 分"，质量 100 分的产品是大多数人对"极致产品"的认知。在绿色变革的大环境中，极致的产品不单是在质量上做到极致，而是在方方面面做到极致，这离不开高科技的缔造。

互联网时代，企业和品牌发展的模式相对传统模式发生了天翻地覆的改变。越来越多的企业开始摆脱传统营销模式的束缚，在摸索中不断寻找符合企业个性的成长方式，为消费者提供极致的消费体验，进而打造出引爆市场的产品。

在传统营销模式中，产品的开发周期长、迭代速度缓慢。而在互联网时代，产品必须具备快速试错、快速修改以及快速迭代的能力。下面我们围绕互联网时代好产品的三点核心要素"刚需""痛点"和"高频"，阐述中材建筑的产品观（见图11-2）。

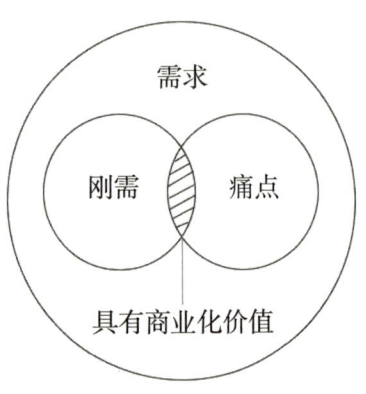

图 11-2　互联网时代的产品观

一、刚需：好产品要满足人性最本质的需求

居住是人类与生俱来的需求，房屋就是用来满足人类这一需求的。从山顶洞人铺有干草的洞穴、半坡氏族时期的石屋到近现代钢筋水泥建筑，再到科幻电影中各式脑洞大开的未来建筑……

第 11 章 环保科技中材，建筑美好未来

伴随人类社会的不断发展，建筑物承担了越来越多的作用和功能。在基础的遮风挡雨之外，还能给身处闹市的人，带来安静祥和的惬意生活。在传统的建筑材料基础上进行优化，通过新产品、新技术、新工艺、新成果的展示，提升建筑材料整体水平，符合人性的本质需求。

中材建筑科技有限公司基于人类对绿色建筑、新型建材的需求把握，精心打造了福耐森®系列纤维水泥PC板，柏塔森®系列纤维增强混凝土GRC板、砌块，欧耐森®系列涂层纤维水泥板三大拳头产品。

福耐森®系列纤维水泥PC板广泛适用于建筑物幕墙、防火/吸音/装饰贴面、钢结构楼板、吊顶、火车及轮船的隔仓板、隧道/车站内饰等场合；柏塔森®系列纤维增强混凝土GRC板、砌块则广泛适用于楼板、内外墙板、吊顶、复合墙体贴面等部位；欧耐森®系列涂层纤维水泥板是各类型常规以及风格化定制板、构件，广泛适用于各类工业与民用建筑物的内外墙体、楼板和屋面。

这些系列产品的应用范围十分广泛，在施工和性能方面具备传统建筑材料所不具备的优势（见表11-4）。

表 11-4　中材建筑产品优势

序号	优势	备注
1	无毒无害	绿色环保，不含苯和甲醛，无毒、无气味、无辐射，对人体无害，对环境无污染
2	防水防潮	不怕水泡，不长白蚁，不霉变、不变形、便于保养维护
3	轻质高强	材质轻，不影响建筑物承重；强度高，韧性好，防震抗压
4	防火隔热	A1级（最高级别）不燃材料，热导率低，遇明火不燃烧
5	隔音降噪	室内外均可使用，支持多层叠加，有效降低噪声辐射危害
6	施工方便	工业化程度高、施工速度快、操作简单方便

中材建筑科技有限公司旗下中郡新材料科技有限公司（中郡新材），基于工业及城市大宗固废，经过多道严格控制的工序制造富含绿色科技的新型高分子微晶系列产品，致力于以先进技术、苛刻工艺与精湛美感演绎新型建筑材料的非凡魅力，也创造了系列产品。

第一种是图耐森®系列浮法钢岩陶瓷,这是由大量微小晶体和玻璃相共同构成的环保多晶复合材料,兼具玻璃的光学效果与陶瓷的美学价值,质地致密均匀,具有镜面效果,耐高温、耐腐蚀。

第二种是安耐森®系列熔炼岩熔玉石,是在模拟玉石生成的地质环境下,融入现代高科技工艺手段而制造的。这类产品的晶体尺度达到微米（μm）量级,整体肌理纹路自然逼真,温润细腻,晶莹通透。

第三种是奇诺森®系列纳米熔压岩玉,其晶体尺度减小到更为精确细致的纳米（nm）量级,且形成纤维状分子结构,拼接无缝、任意造型,全方位满足切削、钻孔、雕刻、多次打磨等深加工需要,成倍提升空间品位。

中郡系列微晶石产品集玻璃、陶瓷、石材的优点于一身,是新一代颠覆性的基础材料,适用于一切建筑物的外墙、内墙、地面及柱体装饰（见表11-5）。

表 11-5　中郡新材产品优势

序号	优势	备注
1	超大镜面	表面平整洁净、色调均匀一致,板面尺寸大,大面积铺贴时缝隙减少,整体空间通透大气
2	百变定制	产品及规格多种多样,并可通过热弯、车刻、镂空、拼花、彩雕等工艺制作各种厚度的弧形及异形材料,避免传统石材加工大量切削、研磨,耗时、耗料、浪费资源等弊端,广泛适用于各种建筑空间
3	光泽度高	光泽度高,质感自然、晶莹柔和,整体温润如玉,可自涤、无须抛光、打磨等特殊保养,无须额外使用化学清洗剂,轻轻擦拭便可洁净如初,全天候永葆建筑外观及室内装修的质感与风采
4	致密抗菌	通体无孔,根除了导致天然石材断裂的结构纹理和细碎裂纹,致密性强,不吸水、不吸污,抗真菌、抗霉菌、耐酸碱、耐磨损
5	健康环保	不含放射性物质和有机化工物质污染,是引领建筑及装饰行业全新风尚的零辐射产品,可使用在室内、室外任何地方,不会对人体有任何影响
6	经久耐用	A1级（最高级别）防火,保温隔热；坚硬耐磨,莫氏硬度最高可达8级；耐风化、防腐蚀,其豪华外观不受雨雪、风沙气候等污染和侵蚀,不会产生风化、褪色、强度降低等现象

如今，在全社会倡导生态文明建设和可持续发展的大环境下，"先污染、后治理"的观念已经完全过时。中材建筑、中郡新材的全体员工坚信，城市建设、工业生产是刚需，建筑垃圾和工业固废的产生无法避免。妥善处理建筑垃圾，使其得到资源化的利用，也是刚需。

中材建筑科技有限公司不但通过其革命性高科技绿色环保建材产品精准对标人类居住环境持续改善的需求，而且其新型环保技术、整体生产过程也能够解决"美丽中国"建设下污染防治、固废消减与再生利用各大需求。

二、痛点：在用户的强需求上全力突破

无论是华为"为中华崛起而进击"的伟大情怀所带来的"狼性"精神，还是阿里巴巴思考如何在时代竞争中保持前进、取得胜利所折射的东方智慧，我们一定能够从伟大企业的产品中感受到那份独一无二的企业文化。而从中材建筑科技有限公司的产品身上，同样能够清晰地感受到这家企业鲜明的文化烙印、光辉理想以及终极使命。

中材建筑、中郡新材在用户的强需求上全力突破，围绕人类与时代共同的需求、痛点，基于自主研发的系列高科技环保产品，精心打造全方位产品解决方案，让人们能够在建筑材料领域选择更多、精彩更多，尽享安全、舒适、健康的高品质生活和全方位呵护（见表11-6）。

表 11-6　中材建筑产品解决方案（部分名录）

序号	解决方案	备注
1	外墙系统——让建筑冬暖夏凉，舒适健康、四季如春	降低建筑能耗 提升使用寿命 提升视觉效果
2	吊顶系统——满足建筑吊顶的不同功能和设计要求，安装便捷、坚固耐用	提高安装效率 超强吸音隔热 提升美学效果
3	隔墙系统——让建筑系统更加轻质安全，防火隔音、美观大方	减少使用面积 减少能源损耗 提升防水性能

续表

序号	解决方案	备注
4	楼板系统——让空间不再局促，极限改造，诠释高端、高质、高效	提高空间利用 提高安装效率
5	钢结构防火包覆系统——让烟气和火势不再任性蔓延，阻断火灾、安全常在	提高安全性能 提升美学效果

鉴于篇幅有限以及商业机密，在此不对方案细节进行过多阐述。然而，名目繁多的解决方案，究竟能够解决些什么问题，具备什么作用呢？

举个简单的例子，近年来房价上涨有目共睹，拥有自己的房子几乎成为许多人的梦想——只敢在梦里想。如果有这样的一款建筑材料，不但重量轻、厚度薄，能够有效降低墙体的占地面积，提高建筑的空间利用率，还具有优良的保温、隔热性能，导热系数小，你有什么理由不选用呢？毕竟节省出来的房价、电费可都是真金白银呢！

有的人可能会产生疑问：中材建筑是不是恶意搅局，打破传统建筑建材企业的饭碗呢？当然不是。这是因为中材建筑的系列产品还具备卓越的"兼容"性能，不但可以直接应用于外墙、隔墙、吊顶、楼板等基础部位，还可以与传统建材叠加，从而达到取长补短的良好效果。

例如，钢结构近年来在住宅、医院、厂房、仓库等新建和改扩建的项目中大量使用，在水立方、鸟巢、国家大剧院、CCTV新台址等世界瞩目的工程中，钢结构建筑同样大量涌现。究其原因，与其自身结构较轻、施工方便的特点密不可分。

虽然钢结构盛行，但是，钢结构的导热系数大、屈服强度伴随温度升高显著下降（温度600℃时强度仅为常温状态下的20%），无保护的钢结构在遇火20分钟内温度就可以达到600℃，从而导致破坏和倒塌。因此，在实际应用中，必须对建筑结构中的钢柱、钢管、通风/防排烟风管等进行有效的防火包覆。

这就是中材建筑纤维水泥PC板跟涂层纤维水泥板的用武之地了。二者不但具备优异的耐火性能，能够有效降低钢材的升温速度，从而为人员疏散和消防救援赢得关键时间，还具备卓越的装饰效果，能够带来更为风格化、品质化的体验。

中材建筑旗下中郡新材的系列产品，无论图耐森®系列浮法钢岩陶瓷、安耐森®系列熔炼岩熔玉石还是奇诺森®系列纳米熔压岩玉，不但可以作为基础材料，适用于一切建筑物的外墙、内墙、地面和柱体装饰，还有一个非常重要的应用领域就是用以制作橱柜台面、柜面。

为了积极布局产业链、拓展自身成长空间，也为了用户需求的更好满足，中材建筑并没有止步于基础建材的研发、制造与销售，而是基于上述三大系列产品，精心打造了欧庭森®系列微晶石橱柜，经久耐用，不易受损，吸水率几乎为零，多种污秽浆泥、染色溶液都不易浸入渗透，依附于表面的污物也很容易清洗干净。

在未来，中材建筑还将积极布局微晶石工艺品、首饰、手机后盖等高附加值领域。

我们所期待的未来中国，必然是一个富饶而美丽的中国，无山不绿、有水皆清、四时花香、万簌鸟鸣，良性循环、和谐共生。基于中材建筑及其旗下中郡新材的系列高科技环保产品和全方位产品解决方案，我们完全有理由期待更加美好的未来建筑生活、更加美丽而富饶的未来中国。

三、高频：衡量产品的重要标准

仅仅依靠刚需和痛点，还不能够支撑起一个成功产品的开发。想要做出一款现象级的产品，还必须具备足够高的使用频率。也就是说，产品的使用场景一定要在用户的生活中经常出现。否则，用户就很难形成印象和体验。从这个角度来说，高频是衡量产品价值高低的一个非常重要的标准。

建筑材料是我国的传统基础行业，建筑材料量大面广，在生产和应用过程中，都与人类的生产生活息息相关，属于绝对的高频使用和高频接触范畴。同时，在其寿命周期的全过程中，都与资源、能源、环境密切相关，很容易对人类的生存环境、健康安全造成损害和威胁。因此,伴随物质生活水平的提高,人们对居住环境、建筑材料的要求越来越严格。

与传统的砖、瓦、灰、沙、石等建筑材料相比,新型建筑材料具有节约能源、保护环境、综合利用开发废弃物资源、解决土地等优势,是建筑材料上档次、上水平的发展潮流,更是建筑材料可持续发展的必由之路。建筑材料的新型化绿色化,不但是人类对建筑材料这一古老领域的迫切要求,也是建筑材料可持续发展的中长期目标。

总而言之,满足"刚需""痛点"和"高频"三点核心需求的好产品,离不开技术的支撑。中材建筑将会在技术不断更新发展的过程中,逐步走向绿色未来,打造出更多的极致产品。

11.4 模式创新,缔造产融结合发展新典范

"要么创新,要么死亡",这是著名管理学大师托马斯·彼得斯的至理名言。纵观当今局势,也确实如此,现今企业的竞争,已经不是产品的竞争,而是商业模式之间的竞争,是创新能力的竞争。

中材建筑科技有限公司并没有满足于技术与产品方面的领先,而是始终致力于打造自身独特、全新的商业模式,实现了从滚动发展向跨越发展、从产业发展到产业资本、金融与实业协同发展的转变,在实践中走出了一条"新教育+新金融+新实业+新零售"四轮驱动的产融结合新路子。

在新一轮产业变革孕育兴起、新一轮金融开放全面深入的背景下,"产业+金融"复合型发展在世界和我国迎来重大时代机遇,产融结合正在汇聚成一股引领经济发展和引导经济转型的新动能。

由于实体经济具备明显的周期性，而金融机构天然是顺周期运行，金融服务的供需双方在我国传统的实体、金融分业经营模式下存在严重的信息不对称与市场地位不对等，导致企业高昂的风险溢价和成本，难以从金融市场获得资金。

产融结合正是企业打破行业桎梏、追求更高经营效率与经营业绩、实现跨越式发展的重要途径，更是世界各国产业资本发展到一定程度，寻求经营多元化、资本虚拟化，从而提升资本运营档次的必然趋势。

产融结合，广义上泛指产业资本与金融资本，或实体企业与金融机构之间通过股权融合以及业务合作等多种方式而进行的互动与结合。然而，国内外更多采用狭义概念，认为产融结合专指产业资本与金融资本在经济运行中为了共同的发展目标和整体效益，通过参股、控股、人事参与等多种方式而进行的内在结合或融合。

产融结合的实施模式，不但包括金融资本向产业资本（由融到产）或者产业资本向金融资本（由产到融）的单向渗透，也包括金融资本与产业资本的双向渗透，最终形成产融一体、科学高效运转的国际化企业集团。

产融结合是企业创造协同价值、提高竞争优势的主要手段。产业资本与金融资本的有效融合，在微观层面能够帮助实业企业改革创新，优化产权结构和公司治理，拓宽融资渠道、降低交易成本、分散经营风险，提高市场竞争能力，从而获取高额利润与丰厚投资回报。

在宏观层面，能够熨平经济周期波动导致的冲击，优化提升国家金融政策的调控效果。公开资料显示，当今世界 500 强企业中，超过 80% 都成功进行了产融结合的战略行为。

与其他实业企业在实业取得一定成就后再去叠加金融进行转型升级的路径不同之处在于，笔者在入驻中材建筑之前，已经拥有多年金融行业以及金融培训行业从业经验，麾下企业拥有完善的金融牌照以及稳定的金融团队。可以说，中材建筑从成立的第一天开始，就流淌着金融的血液。

因此，我们所一直坚持和追求的，在于采用金融的手段、站在投资人的高度做产品、做实业，在企业快速发展的过程中充分融合资本的力量推动原有产业向更高层次发展；充分利用金融牌照、金融政策和金融市场等金融资源做好服务工作，实现资本与金融的协同发展。

历史上，国内外实业企业在进行产融结合过程中，由于金融风险没有得到有效管控而危及主业的案例并不少见。

因此，笔者从入驻中材建筑第一天开始，便下定决心以环保科技产业作为集团主业、个人毕生奋斗的事业。集团金融板块所有公司，停止服务外部客户，全面服务于集团内部建筑建材、环保新材等实业板块的需求，以卓有成效的"产业+金融"复合型模式，实现金融资本与实业资本的深度对接、协同发展。

历经多年的沉淀与发展，集团在金融产业的布局已经涉及商业保理、融资租赁、证券咨询、基金管理、上市孵化、市值管理等多个模块。

"对新的对象必须创建出全新的概念"，中材建筑正是处于创建的环节之中，用模式的创新来提升企业的核心竞争力。这为其他正致力于发展绿色经济的企业提供了极大的借鉴与参考价值。

11.5 战略先行，建设具有全球竞争力的世界一流环保科技创新型企业

穹顶之下，环保不应是被动负担，而是时代赋予的伟大创新空间与发展机遇。环保更不能停留在态度与口号，而必须是实实在在的行动！从"金山银山不如绿水青山"到"既要金山银山，也要绿水青山"再到"绿水青山就是金山银山"，自从选择了这条路，中材建筑一直在路上努力奔跑。

第11章 环保科技中材，建筑美好未来

当前，新一轮工业革命正在全球范围内孕育兴起，我国要深度参与甚至引领新工业革命的发展，转型升级已经成为企业不可回避的话题。企业没有了战略，就好像人没有了梦想与方向，经营管理与业务发展一定会举步艰难、四处遭伏，一路踉跄，很难达到理想的高度和地位。

或者经过多年艰辛运作打造，到头来只是一个普通的企业与品牌，付出与回报不成正比。当市场环境骤变、竞品打压，消费市场喜好发生漂移，公司的价值体系、市场定位、品牌形象乃至业务开发模式等都将面临重新选择。

一个生意人，关注的是盯着盘面买卖差价的短期交易，而作为一个企业，绝对不可以陷入在过多的细枝末节中。对于大多数企业来说，"细节决定成败"是一碗毒鸡汤，决定成败的，并不在于细节，而在于创始人的胸怀、格局、眼光与决策。战略思考需要有全局观，对于企业、企业家来说，只有不纠缠于树木，才能看得见森林，才能看得看得见路径。只有大方向定了，弯弯曲曲也是会有出路，艰难险阻也才不会失去希望。

中材建筑科技有限公司在创建团队的带领下，胸怀远大、瞩目长远，同时立足当下，进行了系列科学严密的部署。在积极布局环保新材产业链上下游的同时，持续拓展自身成长空间，提升产业创新能力，推动企业高质量发展。中材建筑实业布局见图11-3。

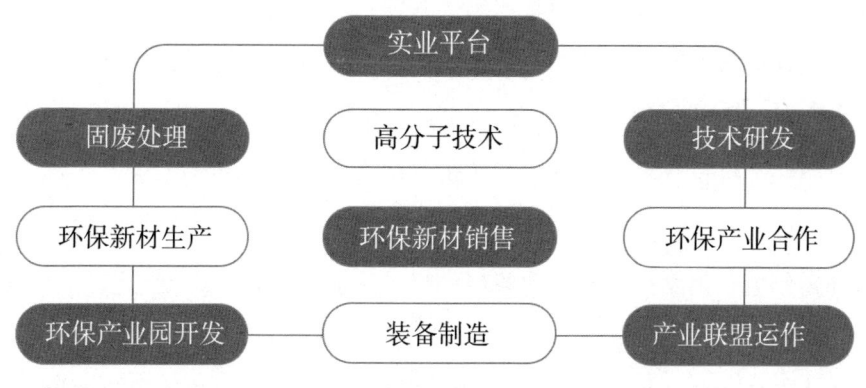

图11-3　中材建筑实业布局

围绕固废处置与环保建材，中材建筑还积极布局了数家核心子公司，加速组织机构变革突围，抢占市场先机。

中郡新材料科技有限公司是中材建筑科技有限公司旗下一间以新型高分子微晶材料业务为核心的高技术环保企业，主要从事微晶材料的研发、生产和销售，以技术为支撑、以市场为导向，以责任和科技谱写美丽中国新篇章。

该公司拥有江西宜春、福建泉州、湖南湘潭三大生产基地，基于城市大宗工业固废，经多道严格控制的工序制造富含绿色科技的玻璃陶瓷、特种微晶玉石、纳米微晶石系列产品。作为新一代颠覆性的基础材料，集玻璃、陶瓷、石材的优点于一身，适用于一切建筑物的外墙、内墙、地面及柱体装饰。

中塔智能装备科技有限公司是中材建筑科技有限公司旗下专注提供新型环保建材制造完整解决方案的高端装备科技型企业。积极响应国家政策，倡导绿色节能低碳再生循环利用理念，为城市大宗工业固废制备绿色建材技术研究与应用提供大型智能装备的采购、租赁及定制。

中轩装配式建筑有限公司是中材建筑科技有限公司旗下一间涵盖装配式建筑运营推广、系统设计、集成生产安装及技术推广的绿色建造企业；以品质为核心，引导现代化建造方式转变，塑造装配式房屋领导者品牌。

该公司以技术为先导，全面推动新型建筑工业化的发展，深刻改变传统的建筑设计模式和建造方式，同时大幅提升建筑的科技含量、性能和质量。一体化设计、建造与装修，并可完美适配中材建筑科技有限公司、中郡新材料有限公司全系列产品解决方案，引领品质居住新潮流。

中麓珠宝科技有限公司是中材建筑科技有限公司旗一家专注于新型合成珠宝研发、设计、生产、销售的高科技企业。基于现代高分子及其原辅材料，创作出饶富创意、寓意且适合日常佩戴的珠宝臻品，为现代珠宝乃至整个时尚行业带来新的灵感和惊喜元素。

该公司的主要产品包含岩溶玉、时尚钻石两大系列，作为现代高精尖、高技术、高资金密集型的智慧结晶，分别具备与天然玉石、钻石所一致的物理性质、化学成分和晶体结构，品质和成本完全符合市场化标准。

该公司将在集团整体战略布局的引领下，推动新材料产业平台和时尚消费生态圈协同发展，成为现代时尚珠宝研发、设计的引领者。

中测产业新城投资有限公司是中材建筑科技有限公司旗下专注于产业新城投资、开发、建设与运营的公司。公司基于"产业为主、地产为辅"的理念进行产业新城规划，在导入、培育产业集群的同时，建设并运营其他城市配套，树立中国产业新城发展新标杆。

该公司承载着推动中国产业转型升级、促进城市可持续发展的伟大梦想，坚定不移地打造产业新城，实现所开发的区域经济发展、社会和谐、人民幸福。

除了子公司布局外，中材建筑还在终端和渠道建设方面进行了布局，启动了规模宏大的中心城®计划。通过中心城®品牌整体输出中材建筑、中郡新材的系列产品以及整体价值、形象，全面推动其在全国各地乃至海内外的落地生根、开花结果。

在未来五年，中材建筑将开设5000家易购、500家家居生活馆、50个购物广场、5~10个国际广场，从而推动公司整体市值和市场占有率的全面提升（见图11-4）。

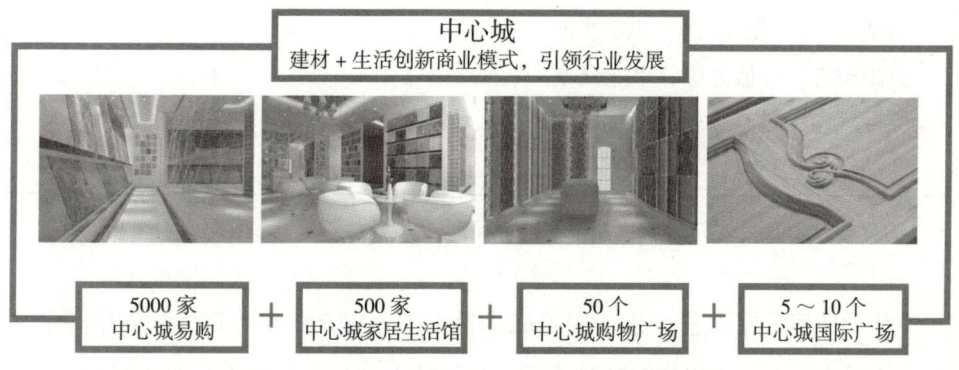

图11-4　中心城"建材+生活"创新商业模式

战略布局固然重要，可文化布局才是企业长远发展的根基所在，正如业界广为流传的一句话："一年企业靠运气，十年企业靠经营，百年企业靠文化。"

一些企业以及企业家并不重视企业文化的建设，认为这些是跨国企业、大企业才会做的事情，从而导致企业凝聚力不足、向心力不够，员工的积极性和创造精神缺乏，最终制约公司的持续健康发展。

更有一些企业，没有从上而下建立起一套良好的企业文化运行机制，缺乏健康的氛围和土壤，导致企业文化缺失，经营管理混乱。

中材建筑坚信，企业文化必须是一把手工程。企业的一把手作为企业的创建者、领导者，不但对企业的经营负责，还是文化的发动者、变革者，通过企业文化影响企业的战略、管理。

在快速发展的过程中，中材建筑始终秉持"环保科技中材，建筑美好未来"的公司使命，以及"红色的精神、绿色的追求、蓝色的道路"核心价值观，矢志成为全球新型绿色环保建材的引领者。中材建筑企业文化见图11-5。

```
公司使命：环保科技中材，建筑美好未来
公司愿景：成为新型绿色环保建材的引领者
核心价值观：红色的精神、绿色的追求、蓝色的道路
发展理念：以精图强、以强谋大
人才理念：尊重人、培养人、成就人
团队理念：同心同德、共生共创
分配理念：价值为尊、事业众享
服务理念：尽心尽意、尽善尽美
产品理念：高科技、高效能、高品质
```

图11-5 中材建筑企业文化

对于任何一家企业来说，向其成员提供的不仅是薪酬、权力和做事业的平台，还需要提供价值皈依和精神家园，提供职业和生命的更丰富的内涵。

中材建筑在"产业＋金融"复合发展的过程中，还结合自身优势特点，创

造性地引入、搭建了内部的教育培训体系，提供《资本盛宴》《资本路径》《资本盛典》《智慧商圈》《名师大讲堂》等多门特色课程。同时，发起设立中材环保研究院、中郡新材研究院、中心城智能家居生活研究院三大研究机构。

实践证明，中材建筑的教育培训体系，在企业文化的创建与变革中发挥了重要的作用。公司内部设立专人培训，通过精心打造、持续迭代的内容，为公司发展和员工成长提供"及时而准确的知识"的学习方案，将员工培训与个人发展结合在一起。

定期与不定期相结合的培训，不但营造了一种持续学习的氛围，向员工传递一种进取的组织文化，同时集中企业内部不同部门和级别的员工，使相互间得到充分交流，从而在企业内部营造一种融洽的氛围，增强彼此的协作。

中材建筑的教育培训体系，还成为连接公司与事业伙伴的重要桥梁，帮助公司建立、改进总体竞争力，与代理商、客户、供应商之间建立紧密合作的伙伴关系。

通过中材建筑的教育培训体系，合作伙伴可以获得及时的业务指导、咨询解答；公司还会不定期地举办产品、营销、经营、管理方面的培训指导。多年亲临市场一线的资深营销团队，不定期提供经营参考意见和经营方略，帮助合作伙伴从容应对市场；随时对搜集到的有效信息进行互相沟通，确保销售网络神经系统顺畅运作，对整体市场运作进行动态企划。

展望未来，绿色建筑（"环保＋节能＋装配式"）正处国家政策风口，中材建筑科技有限公司将继续坚持以创新的思维，推动"新教育＋新金融＋新实业＋新零售"四轮驱动模式的持续发展，成为受人尊敬的产融结合环保科技企业集团。

大政催生市场，国策成就企业。近年来，生态环境问题提升到体制改革的新高度，美丽中国成为建设新时代中的特定社会主义现代化强国的新愿景，倒逼环保产业提速、释放市场契机。顶层的引领、资本的关注、技术的深入，让环保产业成为拉动社会经济发展的新引擎，迎来历史性的发展机遇。各个企业应该如同中材建筑一般，牢抓机遇，借力发展，为自身打造一个绿色未来。